SHODENSHA
SHINSHO

最後の参謀総長　梅津美治郎

岩井秀一郎

JN110567

祥伝社新書

プロローグ——戦艦ミズーリにて

一枚の写真

「その場面」を、何らかの形で目にした人は多いと思う（5ページの写真）。船の甲板上に大勢の人が集まり、これからある重要な「儀式」に取り組もうとしている。右上に砲塔が写っていることから、これが軍艦であることがわかるだろう。奥には外国の兵士たちが列を作って並び、そこからすこし手前、中央から右側にかけて一団の人々が固まりを作っている。軍服とモーニングの人々が混じり合うなか、先頭には二人の人物が並んでいる。

こちらから見て左側、シルクハットにモーニング姿で左手に杖《つえ》をつき、丸眼鏡をかけているのは当日、すなわち昭和二十（一九四五）年九月二日に外務大臣を務めていた重光《しげみつ》葵《まもる》である。外務省生え抜きの外交官である重光は、かつて爆弾テロに巻き込まれて片足を失い、義足をつけながら職務をこなしていた。

もう一人、重光の右隣にいる軍服の人物は、同じく当時参謀総長を務めていた梅津《うめづ》美治《よしじ》郎《ろう》陸軍大将。陸軍の最高指導者の一人であり、まもなく消滅する参謀本部の、最後の総長である。

彼らが集まっているのは米国戦艦ミズーリ艦上。目的は、太平洋戦争の終結を意味する降伏文書に調印するためだった。日本が近代で経験したことのない、大袈裟《おおげさ》に言えば歴史上はじめての「降伏」のための儀式である。

重光外相は「日本政府」の代表者として、梅津参謀総長は「大本営」の代表者としてこの場に臨《のぞ》んでいるのだが、この後の両者の行く末はかなり異なったものとなる。彼ら二人は不運にもいわゆるA級戦犯容疑者として逮捕され、死刑こそ免《まぬか》れたものの、有罪判決を受ける。

重光は昭和二十三（一九四八）年禁錮七年の判決を受け、同二十五年に仮釈放されるまで獄中にあった。しかしその後は衆議院議員として活躍し、鳩山一郎《はとやまいちろう》内閣では外務大臣を務め、日本の国際連合加盟にも尽力する。

いっぽう、梅津は極東国際軍事裁判（東京裁判）でもいっさい証言せず、判決が下った翌年の昭和二十四年一月八日、入院先の同愛病院（米軍管理下では三六一病院）で息を引き取る。梅津は日記や手記を残さず、家すら建てず、自らの痕跡を消すようにして逝《い》った。

降伏文書調印

昭和20(1945)年9月2日、東京湾停泊のアメリカ戦艦ミズーリ艦上にて。1列左から外務大臣重光葵、参謀総長梅津美治郎陸軍大将、2列に参謀本部第一部長宮崎周一陸軍中将、終戦連絡中央事務局長官岡崎勝男など

梅津に部下として仕え、戦後に浩瀚《こうかん》な伝記を編んだ上法快男《じょうほうよしお》は次のように記す（ふりがなは筆者、以下同じ）。

現代のかつて戦争体験のある日本人に、あの三十数年前の大東亜《だいとうあ》戦争の時の首相兼陸相は誰であったか？　と聞いてみると、まず九〇パーセント以上の人は「東條英機《とうじょうひでき》」と答えるのであろう。ところが三十年前のあの有史以来の終戦時の参謀総長、すなわち

「最後の参謀総長」が誰であったかと聞いても、おそらく半分以上の人はその氏名をはっきり答えることができないのではないだろうか。

（梅津美治郎刊行会・上法快男編『最後の参謀総長梅津美治郎』。以下、同書の編者は省略）

この文章が書かれたのは、まだ戦争経験者が社会の第一線で現役だった一九七〇年代である。それでも、「半分以上の人は」梅津美治郎の名を答えられないのではないか、という。しかし梅津が人々の記憶に残らず、また「敗軍の将」として兵を語らなかったとしても、それは「語るに値しない」ことにはならない。

前記の重光葵は獄中日記に、次のような感想を書き記している（〔〕は筆者補完、以下同じ）。

梅津は先輩として、東條よりも板垣《いたがき》〔征四郎《せいしろう》〕よりも先に陸軍大臣となって居《い》なければならぬ人である。近衛《このえ》〔文麿《ふみまろ》〕公は誰れでも新しいもの食いで、其《そ》の人物の如何《いかん》は見なかった。若《も》し軍一部の意を迎うることなく、梅津を重用して居たならば、軍の統制は出来、或《あるい》は戦争には至らなかったかも知れぬ。

（重光葵『巣鴨日記』）

後始末の男

梅津が軍の代表者として調印式に臨むにあたっては、多少の悶着《もんちゃく》があった。政府の代表者としては外務大臣が決まったが、統帥部《とうすいぶ》（大本営）ではなかなか決まらなかったのである。梅津は当初、（ポツダム宣言への調印は）「自決を強要するに均《ひと》し」いと拒否したという（重光葵著、伊藤隆・渡邊行男編『続 重光葵手記』）。梅津にすれば、そもそも対米戦争には反対であったし、開戦の決定にすらかかわっていないのだから、との気持ちもあっただろう。

しかし「天皇のお言葉」が梅津をミズーリへと向かわせた。重光によれば、昭和天皇は梅津と重光を個別に呼び出し、「懇々《こんこん》使命の重大なるを託された」という（重光葵『昭和の動乱 下』）。

昭和天皇による、梅津への信頼は大きなものがあった。たとえば昭和十四（一九三九）年八月に、陸軍大将阿部信行《あべのぶゆき》の組閣に際して発した昭和天皇の「ご意思」はその証左と言える。陸軍大臣、参謀総長、教育総監は「陸軍三長官」と呼ばれていたが、三長官の更迭《こうてつ》などはこの三人の合議によって決められ、それを天皇が裁可することになっていた。ところが、阿部内閣の陸軍大臣選任の時だけは、昭和天皇自《みずか》らこの慣例を破った。

どうしても梅津か畑《はた》〔俊六《しゅんろく》〕を大臣にするようにしろ。たとえ陸軍の三長官が議を決して自分の所に持って来ても、自分にはこれを許す意思はない。

（原田熊雄述『西園寺公と政局』第八巻）

この時、三長官会議では別の人物（第三軍司令官多田駿《ただはやお》）を陸相として推薦することが決まっていたが、昭和天皇は梅津と畑（当時侍従武官長）以外は認めない、という異例とも言える意思表示をしたのである。

梅津は、昭和十九（一九四四）年七月、関東軍司令官から参謀総長になるのだが、この時、長男の美一《よしかず》に対して「また後始末だよ」と嘆いたという（『最後の参謀総長梅津美治郎』）。この「また」というのは、梅津がこれまで歴史的な大事件に際し、事《こと》が終わってからその処理を任されたことを示している。

第一は、二・二六事件。事件後に陸軍次官となった梅津は、実質的なトップとして陸軍大将らの予備役編入、反乱軍将校の迅速な処分など、冷厳なまでの「粛軍《しゅくぐん》」を行なった。その存在は「陸軍の梅津か、梅津の陸軍か」とまで呼ばれるほどだった。

出征前の長男と

昭和20(1945)年1月、出征前の美一(東京帝国大学在学中に海軍少尉任官)と　(梅津家所蔵)

第二は、ノモンハン事件。ソ連軍との実質的な「戦争」に発展した軍事衝突後に関東軍司令官となった梅津は、頻繁《ひんぱん》な現地視察を行ない、国境紛争を起こさせなかった。

第三の後始末が、

ポツダム宣言受諾および終戦処理である。太平洋戦争末期に参謀総長に就任した梅津は、陸軍の代表として阿南惟幾《あなみこれちか》陸相と共にポツダム宣言受諾に反対していたが、昭和天皇の「聖断」が下るや、いっさいの反抗を許さず、終戦に尽力した。しかも、これらについても自ら残した記録はない。

梅津の風貌は畏怖を感じさせるところがあり、また「親分子分」のような派閥に類する人間関係を作らなかった。しかもきわめて合理的な思考の持ち主で、能面のような無表情と相まって、陰謀家と誤解されることもあった。

梅津は子供たちに「梅津家の子として」と語り残すことはなかった。そして、その息子である美一も、父（美治郎）について語ることはあまりなかったようだ。

「具体的なことはあまり聞いたことがなかったです。逆に言えば、その点が美治郎の性格を受け継いでいたのかもしれません」

そう振り返る美一の長男成美《しげよし》氏の手元には、数冊のアルバムがある。筆者らはそのアルバムをめくりながら、これまで公開されたことがないと思われる写真（私的な写真もあった）に興奮を覚えた。それらは本文に掲載している。

陸軍大学を首席で卒業したエリートでありながら、「後始末」にばかり、その能力を発揮せざるを得なかった梅津美治郎の足跡を追うことで、昭和陸軍に別の角度から光をあててみたい。それは、すなわちもう一つの昭和史でもある。

引用に際しては旧字・旧仮名づかいを現行に、カタカナはひらがなに直した。また、一部句読点を加除し、ふりがなをつけている。引用内の〔〕は原文ママ、〔〕は筆者の補完を示している。

岩井《いわい》秀一郎《しゅういちろう》

二〇二一年十一月

目次

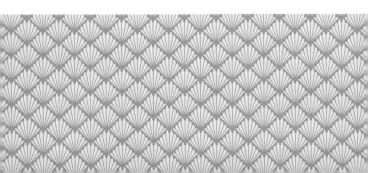

第二章 動乱の時代に——第一の後始末、二・二六事件

第三章 国境の司令官——第二の後始末、ノモンハン事件

第四章 最後の参謀総長——最後の後始末、終戦

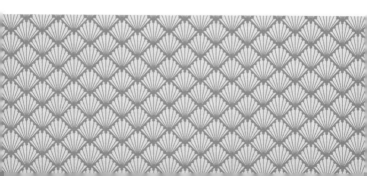

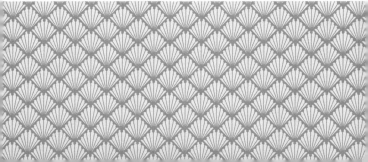

本文デザイン　盛川和洋
本文ＤＴＰ　キャップス
図版作成　篠　宏行
写真　指定以外パブリックドメイン

第一章

「軍人勅諭」の子

複雑な生い立ち

梅津美治郎は、明治十五（一八八二）年一月四日、大分県中津町《なかつ》（現中津市）に生まれた。父の名は芳米《よしべい》、母はツ子《ね》という。名前の通り次男で、兄の名は米蔵《よねぞう》といった。

美治郎が七歳の時、父が死去。母はいったん実家の森家《もり》に戻り、その後同じ県内の是永《これなが》正利《まさとし》に再嫁した。二人はこれに従ったのだが、兄米蔵だけは梅津家の長男として梅津の名を継いだ。美治郎ものちに梅津姓に戻すが、それまでは「是永」が彼の姓だったのである。是永姓となってから、美治郎には米蔵の他、二人の弟妹（桃吉《ももきち》とアヤ）が加わることになった。

しかし、梅津の伝記を書いた清原芳治《きよはらよしはる》は、ツ子が実家へ帰った際に森姓に戻した可能性もあり、そうなると美治郎は短い期間に梅津、森、是永と改姓をしたかもしれない、と推測している（清原芳治『参謀総長梅津美治郎と戦争の時代』）。

同書で清原も指摘しているが、二度（または三度）の改姓を幼少期に経験していれば、それは当然梅津の人格形成に影響を与えただろう。後年の梅津が合理的でどこか達観したような見方をするようになったのは、こうした幼少期の複雑な生い立ちが影響しているのかもしれない。

　ツ子が再嫁した是永正利はもと杵築藩《きつきはん》で禄高二〇〇石の平井《ひらい》家から養子に来た人物で、先妻との間に二人の子供がいた。男手一つで子供を育てるのが難しいため、ツ子と再婚したのだという（同右）。

　美治郎は明治三十（一八九七）年九月、熊本にできた陸軍地方幼年学校の試験を受けて合格し、同校第一期生として軍人への道を歩き出した。卒業後は東京にある中央幼年学校へ進み、明治三十五（一九〇二）年十二月、第一五期生として士官学校へと入学する。同期にはのちの参謀次長多田駿、侍従武官長蓮沼《はすぬま》蕃《しげる》などがいた。

　この士官学校時代の梅津について、一つの逸話がある。戦後しばらくして

梅津家の系図

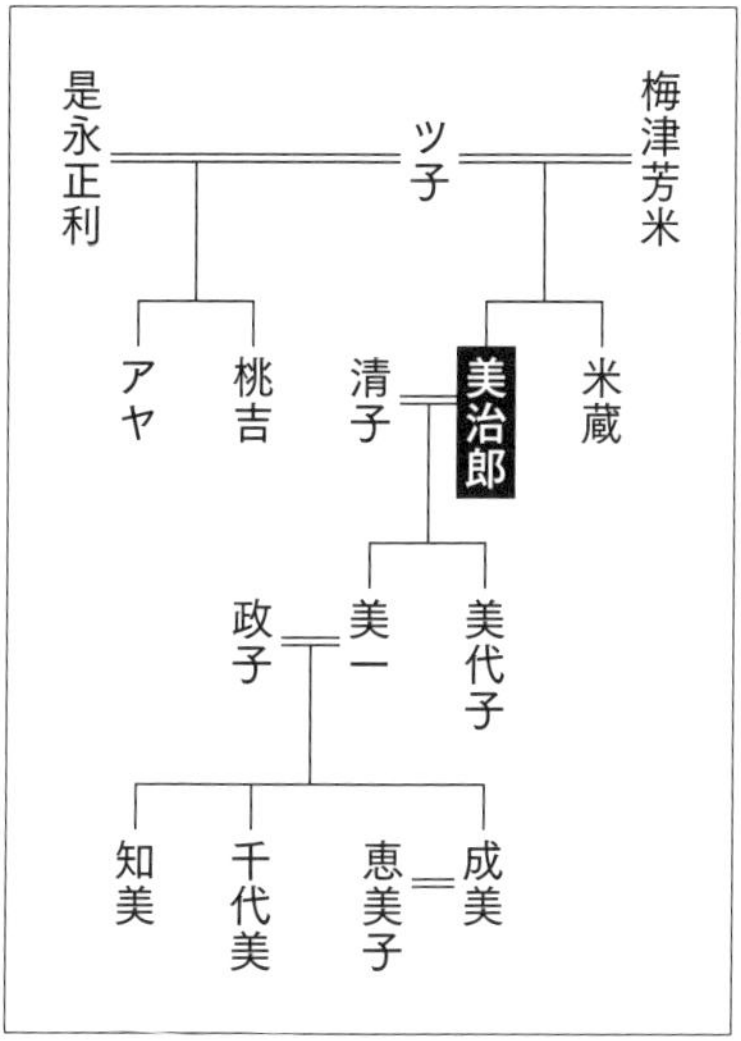

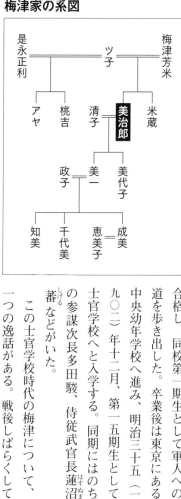

執《と》り行なわれた梅津の追悼会にて、同期生の永持源次《ながもちげんじ》（元陸軍中将）が証言している。当時の士官学校では生徒が四個中隊に分けられ、一つの中隊がさらに六個の区隊に分けられるのだが、奇数の区隊長は歩兵で、偶数は特科だった。永持は第五区隊、梅津は第六区隊である。二つの区隊は歩兵の術科の教練は一緒に行ない、成績も歩兵の区隊長、すなわち第五区隊長がつけることになっていた。

ところが、永持に言わせると自分（第五区隊）の区隊長は「非常に偏見の方」で、どうにかして自分の区隊から恩賜《おんし》（成績優秀者）を出したいと考えていたという。

私の想像では、恐らく、梅津君の術科の点数が、私の区隊にいた歩兵の優秀な人ですが、その方に随分《ずいぶん》廻ったのではないか。そのために、士官学校卒業のときの序列にも影響したのではないか。

（『最後の参謀総長梅津美治郎』）

永持の推測ではあるが、同期生に梅津はそれだけ優秀だったと認識されていたのだろう。梅津の士官学校での卒業成績は七番で、六番までに授けられる恩賜の軍刀を逃《のが》してしまった。この期からは、梅津の他に前述の多田駿、蓮沼蕃の計三人が陸軍大将になっている。

若き士官

日露戦争（1904年2月～1905年9月）前後の梅津（右）

（梅津家所蔵）

梅津らは卒業した翌年の明治三十七（一九〇四）年三月に歩兵少尉に任官するのだが、大日本帝国は同年二月、すでにロシア帝国に宣戦布告しており、まもなく梅津こと是永少尉も大陸へと渡ることになる。

陸軍のエリートとして

梅津が所属したのは、第一師団第一旅団第一連隊である。師団は当初第二軍に属していたが、のちに乃木《のぎ》希典《まれすけ》大将の第三軍へと替わる。有名な旅順《りょじゅん》要塞総攻撃にも参加しており、軽傷ではあるが、足に負傷している。日露戦争最大の陸戦である奉天《ほうてん》の会戦にも参加しており、功五級金鵄勲章《きんしくんしょう》を与えられた。

梅津は戦争終結後の明治三十九（一九〇六）年一月、帰国。この間、中尉に進級している。帰国後は第一旅団副官、第一連隊附《づき》などを経て、明治四十一（一九〇八）年十二月、陸軍大学校へと入学する。日露戦争の影響で二年間閉鎖されていた陸大は、陸軍の最高教育機関であり、将来は国軍の中枢を担《にな》うエリートを輩出する。

一時期腸チフスを患《わずら》って別府《べっぷ》温泉で療養するなど不運もあったが、妹アヤが東京女学館を受ける際に上京した時は進んで世話を引き受けるなど、家族思いな一面も語られている。東京の梅津の家には弟の桃吉もいたが、一〇歳以上離れている美治郎は兄というより父のような感覚だったという（『最後の参謀総長梅津美治郎』）。

梅津自身も、おそらく父親代わりのつもりだったのだろう。妹に無理を言いつけたことはなかったが、休日には本箱や机の中をチェックされ、整頓されていないと中身を出されてやり直しを命じられたという。しかし、そうした叱責などはすべて納得がいくもので、妹のためを思ってのことだった。アヤは、梅津と暮らした日々を振り返る。

欧州にて

中央が梅津　（梅津家所蔵）

美治郎兄が、私に「私からお叱言《こごと》を言われないようになったら、どんなおしゅうとに仕えても大丈夫だ。」と申したが、兄のお叱言には無理がなかった。なるほど言われるとおりで、きかなければならないお叱言であった。（『最後の参謀総長梅津美治郎』）

梅津の「叱言」が、厳しくも丁寧《ていねい》だった様《さま》がうかがえる。梅津が「是永」から梅津姓に戻したのもこの時期で、是永姓は弟の桃吉が継ぐことになった。

梅津は明治四十四（一九一一）年十一月に陸大を卒業するが、この時の成績は首席だった。エリートが集まる陸軍の最高教育機関で、トップの頭脳を見せつけたのである。士官学校の一期下で、のちに陸軍を背負う逸材と目された永田鉄山《ながたてつざん》が二番の成績だったことからも、いかに優秀な頭脳の持ち主だったかがわかる。むろん本人の能力あってこそであるが、軍人としての明るい将来をうかがわせるに十分だったと言えよう。

その後、中隊長や参謀本部部員を経験し、元号が変わって大正二（一九一三）年二月、成績優秀者に与えられる特典として、ドイツに軍事研究へ行くこととなった。

梅津の欧州留学は一時帰国を除いて約八年の長期間にわたり、ドイツを振り出しにデンマークやスイスなど、各地で見聞を深めた。その途中、第一次世界大戦が勃発し、はからずも史上初の「総力戦」を間近に見ることになったのは、大きな収穫だっただろう。ちなみに、実は梅津の名前の読みは最初「はるじろう」だったのが、この欧州留学に際して「よしじろう」に変えている。理由としては「はるじろう」がフランス語の「つむじまがり」に似ているということだが、真偽はよくわからない（清原『参謀総長梅津美治郎と戦争の時代』）。

梅津は陸大生から留学する頃まで、姓を戻すばかりか名前の読みまで変えていたことになる。

短かった結婚生活

デンマークに駐在していた梅津は大正六（一九一七）年五月、参謀本部部員を命ぜられ、帰国した。その後、外国語学校高等試験委員を命ぜられたり、元帥奥保鞏《おくやすかた》の副官を兼職したりした。

大正八（一九一九）年二月には再び欧州出張を命ぜられ、四月に帰国するという忙しさだった。そして帰国した際、梅津は見合い結婚をする。結婚相手は、裁判官で大日本帝国憲法の発布にもかかわった木場貞長《こばさだたけ》の長女清子《きよこ》である。梅津は前年歩兵少佐に進級した三八歳、清子はまだ二二歳であり、一六という歳の差があった。

清子は大事に育てられたせいか少々わがままなところがあったようで、妹満佐子《まさこ》によれば当初梅津との結婚を「軍人はイヤ、年の違う人はイヤ」と不満だったらしい。ところが、嫁ぐと清子は夫の梅津に首ったけとなってしまった。梅津は結婚後すぐに欧州に行くことが決まっており、新婚夫婦は遠く離れなければならなかった。妹の満佐子によると「兄からの手紙が少し遠のくと、大変なさわぎだった」というから（北原寛子『輝く希望』）、その熱愛ぶりがうかがわれる。

しかし、そんな結婚生活も長くは続かなかった。梅津がスイス公使館附武官になってまもなく、長女美代子《みよこ》が誕生。大正十（一九二一）年六月には帰国し、参謀本部での勤務となる。そして大正十二（一九二三）年七月、中佐に進級していた梅津のもとに、長男美一が生まれた。一見、順調そうに見える梅津夫妻の生活だが、清子夫人は美代子を産んだ際にすでに結核に冒《おか》されており、出産後鎌倉《かまくら》で療養していた。それが美一出産後、病状が悪化し、大正十四（一九二五）年十二月十七日、とうとう原宿《はらじゅく》の梅津宅で息を引き取った。

清子は三〇歳にもなっておらず、結婚してまだ六年、夫の海外生活を除けば共に暮らした時間はさらに短い。せめてもの慰《なぐさ》めは、臨終を夫や実家の家族に看取られたことだろう。医者に促《うなが》され、家族が末期《まつご》の水を取ったあとの様子を記そう。

一通り全員が終わると、姉は小さい声で、「起こして」と云《い》った。母が主治医に、「よございますか」と尋《たず》ねると、松山《まつやま》氏が「いゝでしょう」と云われたので、義兄は掛け布団をめくって病人の枕許《まくらもと》に行き、座布団ごと抱いて静かに病人を起こした。その時母が、「嬉しいでしょ、美治郎さんが抱いていらっしゃるのよ」と云うと姉は嬉しそうににっこりして肯《うなず》いて、息をひきとった。

（北原『輝く希望』）

華燭の典

結婚式前後に妻の清子と　（梅津家所蔵）

梅津は幼《おさな》い時に実父を亡くし、愛する妻もまた早くに失ったのである。エリート軍人として激務をこなす梅津は、男手一つで幼い子供二人を育て上げることになる。彼は生涯、とうとう再婚しなかった。梅津が再婚しなかったことについて後年、美一が次のように振り返っている。

私の三歳、と申しますけれども数え年三歳から、父は私の母をなくしまして、私共二人を公的な職務を遂行しながら育ててくれたわけでございます。これに対して私共は、漸《ようや》く何とかその父に報いようと思った、あるいは報い得ると思った頃には、父が、しかも特殊の環境でなくなったということで、私は常に父のことは残念に思っているわけでございます。

(『最後の参謀総長梅津美治郎』)

子供たちのため、継母を迎えず再婚しないことを選んだのは事実だろう。しかしそれに加えて、自分のことを深く愛し、腕の中で息を引き取った薄命の妻への思いもあったのではないか。ただ、もし清子が長生きをしても、過酷な運命が待っていたかもしれない。夫が「戦犯」の名によって裁《さば》かれ、看病もできず、会うことすら自由にできない状況になったであろうからだ。

「軍人勅諭」を胸に抱いて

清子を失った梅津であるが、仕事では順調に出世街道を歩んだ。大正十五（一九二六）年十二月、参謀本部総務部第一課長（第一課は編制、動員担当）となる。

この第一課長時代の梅津について、その人柄を表わす一つのエピソードがある。当時の梅津は陸大の教官も兼任していたが、講義を受けた学生の一人、額田坦《ぬかだひろし》（のち中将、人事局長）は、梅津の印象を次のように書き残している。

筆者は陸大学生として兼勤教官たる梅津大佐より「軍制」の講義を受けたが、実に明快であり、その講義ぶりには魅了された。講義の際、文官の軍部大臣可否を学生数名に試問されたが、その得失を説くのみで結論は述べられなかった。これに反しその後、やはり兼勤教官の東條〔英機〕中佐〔後の大臣〕は本問題について「文官大臣が宜しい旨」を述べた学生に対し、あたかも国賊であるかの如《ごと》く、鞭《むち》を折れんばかりに曲げて叱咤《しった》されたが誠《まこと》によい対照であった。

（額田坦『陸軍省人事局長の回想』）

秀才だが気性の激しい東條に対し、学生たちに自ら考えさせようとする梅津という二人の特徴がわかるエピソードである。

さて進んで昭和三（一九二八）年八月、梅津は陸軍省に移り、軍務局軍事課長を拝命する。陸軍大臣は陸軍省のトップであると同時に内閣の一員でもあることからわかる通り、軍政の最高責任者である。軍務局はその中心で、局長ともなれば大臣の政治幕僚とも呼べる存在だった。その下で課長を務める梅津の役割も自然と重要なものとなり、将来陸軍の中心人物となることを予想させるに十分だったと言える。

さらには、当時の状況も梅津がその気にさえなれば、表舞台に登場するに十分なものがあった。梅津が軍事課長になった同年六月、満洲《まんしゆう》（現中国東北部）の軍閥の頭目である張作霖《ちようさくりん》が爆殺される事件が起きた。首謀者は、梅津と陸士同期の河本大作《こうもとだいさく》大佐であり、同事件の処理の不手際もあって田中義一《たなかぎいち》内閣は崩壊する。

翌昭和四年には、梅津の陸大同期の永田鉄山、小畑敏四郎《おばたとしろう》、岡村寧次《おかむらやすじ》らが集まり、陸軍改革などを目標にした「一夕会《いつせきかい》」が結成される。同会には板垣征四郎、石原莞爾《いしわらかんじ》、東條英機など、その後に昭和史で重要な役割を果たす人物が多数、名を連ねて《つら》いた。もちろんすべてのメンバーが積極的に活動していたわけではないが、将来軍の中枢を担い得るメンバーが多数集結していたのは事実だ。

しかし、同期や後輩が大勢集まった一夕会に、梅津の名はない。一夕会だけでなく、こののち結成された、やはり国家改造を目指す団体「桜会《さくらかい》」にも参加していない。「とりあえず名前だけ連ねる」メンバーもいたが、梅津はそういうこともしなかったようだ。

ここで時間を遡《さかのぼ》って、梅津がこの世に生《せい》を受けた日について見てみたい。この日、明治十五（一八八二）年一月四日、「軍人勅諭（正式名称・陸海軍軍人に賜《たま》はりたる勅諭）」が発布された。これは前文と五つの条文から成り、軍人たる者の心得を説き、軍紀を確立するために作成された。その中に、軍人は「世論《せいろん》に惑《まど》わず政治に拘《かかわ》らず只々一途《ただただいちず》に己《おのれ》が本分《ほんぶん》の忠節を守り」という一節がある。文字通り、「軍人は余計なことをせず軍務に励め」ということだが、時代が進むにつれて、この規範は徐々に崩れていく。

後述するが、いかに世を嘆《なげ》き、政治に憤《いきどお》ったとしても、これを「軍人の立場から」どうかしようとするのは、「己が本分」とは言えないだろう。この「本分」が守られなくなった時、軍は自らを滅《ほろ》ぼす道に踏み込んでしまったのだ。

しかし梅津は違った。軍人が政治や世論に惑わされることを嫌い、政治にかかわることを徹底的に避けようとした。一夕会や桜会への不参加は、まさしくその証左の一つと言えよう。己が生まれたその日、「大帝」明治天皇が下した勅諭を胸に抱くような生き方を通したのである。

それであっても、軍が政治の舞台にまで干渉していく時代には、軍人としての本分を守るだけではすまされなくなった。梅津はその信念がゆえに、重要な「後始末」に携《たずさ》わることになったのである。

第二章

動乱の時代に

――第一の後始末、二・二六事件

内外の混乱

昭和三（一九二八）年六月に起こった張作霖爆殺事件後も、日本の内外ではさまざまな事件や混乱が次々と起こった。昭和五（一九三〇）年一月にはロンドン海軍軍縮会議が開かれた。そして、海軍の補助艦艇（巡洋艦、潜水艦など）を英米の一〇割に対して七割を保とうとする一派（艦隊派）と、七割に届かずとも条約の妥結を優先しようとする一派（条約派）の激しい争いが繰り広げられている。

ロンドン海軍軍縮条約は同年四月二十二日に調印されたものの、野党政友会《せいゆうかい》が「統帥権《とうすいけん》干犯《かんぱん》」（天皇による軍隊統率の大権を侵害した）と言い出し、政府を攻撃した（畑野勇「ロンドン海軍軍縮条約と宮中・政党・海軍」）。この「統帥権干犯問題」はのちのちまで大きな尾を引き、昭和史に大きな爪痕《つめあと》を残してしまう。

国内でも、テロの嵐が吹き荒れた。ロンドン海軍軍縮条約を成立させたのは民政党《みんせいとう》の浜《はま》口《ぐち》雄幸《おさち》首相だったが、これを「統帥権干犯」として糾弾する右翼青年によって狙撃される。幸い、浜口は一命を取りとめ一時は体調も回復したものの再度悪化、結局これがもとで死去した。

翌昭和六（一九三一）三月、一部の軍人によるクーデター計画が発覚する（三月事件）。中心になったのは、橋本欣五郎《はしもときんごろう》砲兵中佐ら桜会のメンバーで、計画は宇垣一成《うがきかずしげ》大将を担《かつ》いで武力によって政権を奪取しようとするものだったが（未遂）、関係者らの処罰は非常に寛大だった。同年十月には、同じく橋本欣五郎らが起こそうとしたクーデター計画が発覚した（十月事件）。

梅津は、これらの動きにほとんどかかわりを持たなかった。陸大同期の永田鉄山や小畑

陸軍正装

勲章と共に陸軍大学校卒業徽章（左下）を佩用　（梅津家所蔵）

敏四郎が参加した一夕会に参加しなかったことは既述したが、その他の軍が関与する事件や騒動にも、彼の名前はない。

合理主義者で、軍人によく見られる豪放磊落《ごうほうらいらく》型の反対である。親分子分関係のようなものは、一生を通じて殆《ほと》んど見受けられないのも、派閥時代の軍人としては、珍しいことであった。

(『最後の参謀総長梅津美治郎』)

陸大の逸材で合理的思考の持ち主だった永田ですら、派閥行動がなかったわけではない。自身の権力基盤確保というわけではないだろうが、目的達成のためにある程度の「同志」的存在と連携を取っていた(拙著『永田鉄山と昭和陸軍』参照)。梅津には、そうした動きすらなかったのである。

だからと言って、彼が常に時代の動きと無縁でいられたわけではない。陸大首席卒業のエリートとして、幾度か重要なポストに就《つ》いた梅津は好むと好まざるとにかかわらず、内外の重大事に対処しなければならなかった。

満洲事変への対処

昭和五（一九三〇）年八月、梅津は少将へと進級し、歩兵第一旅団長となる。部隊勤務は久しぶりだが、一年後には参謀本部へと戻され、総務部長となった。総務部長時代に勃発した大事件が、関東軍の参謀によって始められた満洲事変である。

昭和六（一九三一）年九月十九日早朝、梅津は「昨夜奉天近くで鉄道が爆破され、関東軍が出動した」との連絡を受け、急ぎ三宅坂《みやけざか》（現千代田区）の参謀本部へ出勤する。この時、梅津は参謀本部作戦課長の今村均《いまむらひとし》（のち大将、第八方面軍司令官）にも連絡している（今村均『私記・一軍人六十年の哀歓』）。

当時、今村の上司建川美次《たてかわよしつぐ》第一部長（第一部は作戦担当）は満洲に出張しており、東京にいなかった。実は陸軍中央では不穏な動きを察知し、関東軍と中国側との間に衝突が起こることを心配して隠忍自重《いんにんじちょう》を促す使者として、建川を送ったのだった。

だが結局これは失敗し、関東軍は鉄道爆破を中国側（張学良《ちょうがくりょう》）の仕業に見せかける謀略によって紛争を引き起こしてしまう。今村は事件を拡大して張軍との大規模な衝突にするのではなく、限定的な範囲で処理することを進言した。梅津も同意であった。

「僕もそう思う。ともかく至急局部長会議を開き、対処の方策を決めることにしよう。さっき僕から宿直将校に言い、部局長、総長、大臣に電話し、七時から会議がはじめられるようにお願いしてある。それまでには、まだ一時間半ある。君は事件処理案を起草し、宿直書記に浄書させ、必要な部分を準備しておいてくれ給え」

（今村『私記・一軍人六十年の哀歓』）

少なくとも梅津らには事件拡大を防ごうとする意図があったことがわかる。統帥部のトップである金谷範三《かなやはんぞう》参謀総長や南次郎《みなみじろう》陸軍大臣も当初は同意見で、関東軍が満洲に独立した政権を作ろうとする動きには警戒感を示していた。

しかし当時、実務レベルを仕切っていた永田鉄山や岡村寧次、東條英機などは現地の動きを支持し、まもなく南陸相も方針を転換せざるを得なくなってしまう（川田稔『石原莞爾の世界戦略構想』）。若槻礼次郎《わかつきれいじろう》内閣（第二次）はこの重大局面に対処しきれず、総辞職。

満洲ではその後、清《しん》朝最後の皇帝である溥儀《ふぎ》が担ぎ出され、はじめ執政《しっせい》、やがて皇帝として即位した。軍の謀略によって、（表面上は）「独立国」が作り出されたのであった。

このような多難な時期に陸軍中央に戻ってきた梅津であるが、周囲の目にはどのように映っていたのだろうか。若槻のあとを受けて組閣したのは犬養毅《いぬかいつよし》だが、陸相は荒木貞夫《あらきさだお》が就任した。戦後のことだが、その荒木が当時の梅津についてインタビューに答えている。

荒木氏が陸相のとき、梅津は参謀本部の総務部長であった。そのころのある日、荒木陸相が梅津の部屋にはいったことがある。その時彼の机の上には紙一枚はおろか、なにひとつもおかれておらず、その机の前に、じっと目をとじて坐《すわ》っている梅津をみたときは不気味であったと、荒木氏は語ったが、これ以上は私に話してくれなかった。

（高橋正衛『昭和の軍閥』）

満洲事変という大事を前にして、先輩（荒木は梅津の五歳年上）をたじろがせるような雰囲気をまとっていた梅津の姿は、尋常ではない。しかも荒木は当時陸相であり、「皇道《こうどう》派《は》」と言われるグループの総帥格であった。その荒木に「不気味」と言わしめた梅津の力量手腕を軍が知るのは、もうすこしあとのことになる。

永田軍務局長、斬殺さる

梅津は参謀本部総務部長から支那《しな》駐屯軍司令官を経て、陸軍中将へと昇進。昭和十（一九三五）年八月、仙台《せんだい》にある第二師団の師団長となる。

梅津が仙台に赴《おもむ》いてまもなく、東京では信じられないような出来事が起こった。真夏の暑い盛りである八月十二日朝、統制派《とうせいは》のリーダーである永田鉄山軍務局長が執務中に一人の軍人に刺殺されたのである。殺したのは相沢三郎《あいざわさぶろう》中佐で、相沢が敬意を抱く軍事参議官真崎甚三郎《まさきじんざぶろう》大将が永田によって陥《おとしい》れられた（教育総監を更迭された）と信じての犯行だった（岩井『永田鉄山と昭和陸軍』）。いわゆる相沢事件である。永田は当時陸軍少将で「永田の前に永田なく、永田の後に永田なし」とまで言われ、将来は陸軍を担うと目《もく》されていた。後年陸相、首相となる東條英機も、永田を実の兄のように慕《した》っていた。

支那駐屯軍司令官

上／昭和9(1934)年3月、装甲艇より天津に上陸(手前の甲板中央が梅津)。下／同年4月、天長節における観兵式にて　(梅津家所蔵)

この事件が世間に与えた衝撃は大きかった。軍務局長という要職にある人間が執務中に同じ陸軍軍人の手によって殺害されたのだから、当然と言えば当然だろう。しかも単純な殺人事件に終わらず、相沢と同じく真崎甚三郎や荒木貞夫を仰ぐ皇道派は、これを「義挙」として喝采《かっさい》を送り、公判闘争で自分たちの主張を展開しようとした。

いっぽうで、統制派はこの事件に憤激し、軍内部からの皇道派の排除をさらに進めようとした。

しかしどちらの派閥へも与《くみ》せず、ましてや中央から離れた場所で師団長として職務にはげむ梅津にはあまり関係のないことではあった。そもそも、はじめから派閥争いに興味を示さず、軍人としてただ一途に己の道を歩む梅津にとって、派閥抗争など「余計なこと」に過ぎなかったのだろう。

そんな梅津であっても、まもなく派閥抗争の渦中に入らざるを得なくなる。第二師団長になってから一年も経たずに今度は陸軍次官として中央に舞い戻るのだが、これこそ梅津の「第一の後始末」、すなわち二・二六事件後の「粛軍」を断行するためだった。

二月二十六日朝

昭和十一（一九三六）年二月二十六日未明、帝都・東京では約一五〇〇人の陸軍部隊が動き出していた。彼らは「昭和維新」を目指す青年将校に率いられ、政府要人の襲撃と重要拠点の占拠を行なった。二・二六事件である。

殺害されたのは内大臣斎藤実《さいとうまこと》（海軍大将）、教育総監渡辺錠太郎《わたなべじょうたろう》（陸軍大将）、大蔵大臣高橋是清《たかはしこれきよ》。襲撃を受け重傷を負ったのが、侍従長鈴木貫太郎《すずきかんたろう》（海軍大将）。首相の岡田啓介《おかだけいすけ》は襲撃されるも、義弟が岡田と勘違いで殺害されたことにより、難を逃れている。なお首相官邸では護衛の警察官も応戦して殺害されている。警視庁や陸軍省など、重要地点も占拠された。

事件は二十九日に最後の部隊が投降するまで続き、現在まで膨大な量の関連書籍が書かれている。事件が終結するまでに見せた陸軍首脳部の右往左往も有名である。彼らは反乱部隊をどう取り扱うかをなかなか決められず、その態度に昭和天皇は早くから苛立《いらだ》ちを見せていた。結局、何とか武力衝突に至らずに収束したものの、軍上層部の狼狽《ろうばい》は危機管理能力のなさを露呈したと言っていいだろう。

しかし、何もすべての軍人が態度を決められなかったわけではない。一部には、早期から断固たる態度で反乱を鎮圧すべし、と訴えていた軍人もいた。その一人が梅津である。当時、陸軍省軍務局軍事課員だった有末精三《ありすえせいぞう》（のち中将、参謀本部第二部長）は、事件に対する各師団長から寄せられた電報について、次のように振り返っている。

東京の軍上層部においてさえ決断しかねて、説得工作に時を移しているのに対し、地方各師団よりの電報もまたいろいろに受け取られるものが逐次到着した。或《あ》いは幕僚の起案そのままのものか、師団長の手を入れられたものか、または自ら全部起案のものか一見よく見別《みわ》け想像がつき、われわれ仲間のところでは各種月旦《げったん》が行われていた。その内、白眉《はくび》の電報は、第二師団長梅津美治郎中将［後の大将、終戦時参謀総長］発の意見具申であり、大義名分を説いてすみやかに討伐されるべし、との堅《かた》き信念を顕《あら》わしていたのには特に感激を覚えた。

（有末精三『有末精三回顧録』）

他の軍首脳が明確な指針を打ち出せないでいるなか、決然と討伐を主張した梅津の存在は世人の注目を集めるのに十分だった。

次官就任、粛軍へ

梅津は昭和十一（一九三六）年三月、新陸相寺内寿一《てらうちひさいち》のもと、陸軍次官に就任する。総理大臣は、外務官僚の広田弘毅《ひろたこうき》である。

梅津着任前、粛軍の一環として大将クラスの大規模な予備役編入が行なわれた。派閥一掃のためである。これによって軍から追われたのは荒木貞夫（軍事参議官）、真崎甚三郎（軍事参議官）、南次郎（関東軍司令官）、本庄繁《ほんじょうしげる》（侍従武官長）、阿部信行（軍事参議官）、川島義之《かわしまよしゆき》（陸軍大臣）、林銑十郎《はやしせんじゅうろう》（軍事参議官）ら七人の大将である（カッコ内は前職）。

これらの動きの中心となったのは、陸軍省軍事課高級課員の武藤章《むとうあきら》中佐だった。武藤は、参謀本部作戦課長の石原莞爾と共に寺内陸相実現にも動いていたという（川田稔『昭和陸軍全史2』）。

寺内は元帥寺内正毅《まさたけ》の長男で、伯爵の爵位を持つ華族でもあった。毛並みの良さは陸軍でも有数であり、「お坊ちゃん」なところがあったようだ。寺内の評伝には、次のような人物評がある。

つまり彼は多くの人にかつがれたお神輿《みこし》のようなもので、人々の肩の上で悠々とかつがれている。換言すれば彼は完全にロボットになり切ることのできる、そしてまたそれを隠そうともしない底抜けの明朗さがあった。

（寺内寿一刊行会・上法快男編『元帥寺内寿一』）

こうした性質は長短両方の面があるが、下僚に有能な人物を配置すれば相当な仕事ができるだろう。梅津は、まさしくその有能な下僚だった。

梅津が本格的に世間で知られるのも、この時代からである。雑誌『経済マガジン』昭和十三（一九三八）年創刊一周年記念号には、梅津が「檜舞台《ひのきぶたい》にデビュウ」したのは二・二六事件直後の「粛軍に乗り出してから」と書かれており（「時の人――家つきの娘梅津美治郎」）、やはり中央で政治に関係する立場になってから、自然に注目を浴びるようになっていったことがわかる。寺内に配するに梅津をもって、「梅津時代到来のあけぼの」（全国憲友会連合会編纂委員会編『日本憲兵正史』）と指摘するものまである。

しかし、梅津自身はあくまで控えめ、寺内の下で忠実に仕事をしようとしていた。そのことがよくわかるのが、新聞に掲載された次官就任時の梅津の車中談である。

田舎回りをやっている僕のこと、これからよく情勢を聞いてみねば何も判《わか》らぬ、従って今は何もいえぬ、元来《がんらい》次官というものは抱負などを持ってはならぬと思っている、次官が抱負を持っておれば大臣の抱負と背反するようなこともあろう、自分としては一意専心《いちいせんしん》大臣を補佐して大臣の有する抱負の実現に努力する考えである。

（「読売新聞」一九三六年三月二十五日）

ともあれ、梅津を含め、陸軍上層部の陣容は一新された。特に、今まで皇道派もしくはそのシンパと見られた人々が大量に追放された。

そして、同年八月の人事では粛軍の総仕上げが行なわれた。皇道派の有力者で残っていた小畑敏四郎、同情的と見られていた建川美次の二中将は予備役、橋本欣五郎は待命《たいめい》（のちに予備役）など、軍内部で国家革新運動や派閥抗争にからんだと見られる人物を一掃した。これらは人事担当の部局だけでなく、梅津の意思が大きく関与していたと見られている（『最後の参謀総長梅津美治郎』）。

軍部大臣現役武官制の復活と真の目的

梅津らはさらに、皇道派復活の芽を摘《つ》もうとした。そのために取られた手段が、軍部大臣現役武官制の復活である。

これは、大正二（一九一三）年の山本権兵衛《やまもとごんべえ》内閣で陸海軍大臣が「予後備役大中将」まで任用できるとされたものを、再び「現役」に限るとした官制改革だ。これによって、陸海軍どちらかが大臣を出さなければ、内閣は軍部大臣を入閣させることができず、組閣できなくなる。

これだけ聞くと、軍部による政治への介入強化、と一般的には見られるかもしれない。実際、この制度によってのちに問題が起こるのだが、軍部による政治への介入は、広田内閣成立時点からあった。閣僚の選任にあたり、前内閣から留任予定だった小原直《おはらなおし》、吉田《よしだ》茂《しげる》（戦後首相）らが「陸軍の抗議のため」入閣を取りやめることになったのである（小原直『小原直回顧録』）。

これらの事実を指摘し、軍部大臣現役武官制の影響力を重視しすぎることに否定的な研究者もいる。たとえば、筒井《つつい》清忠《きよただ》帝京大学教授は、「すなわち、軍部大臣現役武官制でなくても陸軍は内閣の死命を制することができたのである」と述べている（筒井清忠『昭和十年代の陸軍と政治』）。

そもそもの始まりとして、現役武官制の復活自体、政治への介入を強化するためではなかった。当時、軍務局

陸軍次官

昭和11（1936）年5月、支那駐屯軍司令官に就任した田代皖一郎（右）を東京駅で見送る

（梅津家所蔵）

軍事課にいた武藤章が回想しているように、「当時多数の行政処分に附せられた将官」、つまり追放された皇道派の大物たちが、「如何《いか》に策謀するも大臣になる途《みち》なしと断念せしむる」ためだった（武藤章『比島から巣鴨へ』）。

この点については筒井前掲書でも言及されている、広田内閣当時の法制局長官次田大三郎《つぎただいざぶろう》が東京裁判に提出した口供書にも記載がある。昭和十一（一九三六）年三月九日、次田のもとを訪れた陸海軍当局者が、なぜ軍部大臣を現役に限るかという点を、次のように説明している。

「二・二六事件の責任者として数人の陸軍大中将を予後備役に入れるのであるが、現行の制度では此等《これら》の大中将の或者《あるもの》が他日陸軍大臣になるかも知れぬ。而《しこう》して二・二六事件の如《ごと》き不祥事件、若《もしく》は更《さら》に重大なる事件を惹起《じやつき》するかも知れぬ。かゝる事を防止する為《ため》、予備の大中将は陸海軍大臣になれぬ制度となさんとするのである」

（太田健一・坂本昇・岡崎克樹・難波俊成『次田大三郎日記』）

結果として、現役武官制が内閣を倒す道具として使われてしまうが、そもそもの目的が「皇道派の復活阻止」にあったことはまちがいないだろう。

青年将校処刑で見せた素顔

二・二六事件の「後始末」として重要なことは、もう一つある。犯人たち、つまり事件を指導し、要人の殺害や拠点の占拠を行なった青年将校らの処罰だ。

彼らを裁くのに設置されたのが、特設軍法会議である。この特設軍法会議は一審制、弁護人なし、非公開という一見して過酷なものだった。同軍法会議は緊急勅令という非常手段によって設置されたものであり、法律上の正規の特設軍法会議ではなかったのである（北博昭『二・二六事件　全検証』）。

犯人の処分について、陸軍が迅速かつ過酷な態度で臨もうとした様が見て取れる。その理由として挙げられるのは、前述の相沢事件である。永田を殺害した相沢三郎中佐は二・二六事件の決起将校の「同志」であり、永田殺害が今回の反乱を誘発した一因とも言えた。しかし相沢の裁判は公開で弁護人もつき、世間の耳目を集めやすかった。この裁判について、上法快男は次のように記している。

この公開審理を利用して、いわゆる法廷闘争が展開され、相沢被告は演説し、満井佐《みついさ》吉《きち》特別弁護人は、真崎〔甚三郎〕、林〔銑十郎〕、橋本《はしもと》〔虎之助《とらのすけ》〕らの将官を証人として出廷させ、その外の大物を証人として続々として申請した。(中略)二・二六の蹶起《けっき》も相沢事件によって触発されたものである。

(『最後の参謀総長梅津美治郎』)

つまり、外部への影響や軍紀の維持を考慮して迅速な裁判が求められ、緊急勅令による軍法会議の設置となったのである。

梅津は陸軍次官としてこの裁判にかかわった。判決は昭和十一(一九三六)年七月五日から翌年八月十四日に下り、死刑が一九人(うち民間人五人)、無期禁錮が五人である。裁判の過程はここでは省《はぶ》くが、犯人たちが処刑された日の梅津がどのような様子だったか、それだけ記しておきたい。長男の美一による記録である。

父は日記も書かない。手帖もつけない。歌や詩も詠《よ》まない。遺書もないということに表現されているように、全《まつた》く現実主義者であった。この父に、センチメンタリズムのかけらがほの見えた二つの事実がある。一つは、二・二六事件関係者の処刑の日は、確か日曜日であったが、いつも日曜日には、母のいない私ども姉弟をどこかに遊びにつれていってくれるのが常《つね》の父であったが、朝から、「今日はどこにもつれて行かない。今日は一日外出しない」と、私たちに言った父は、一日ひっそりと黙想していた。後で、私は父が二・二六事件関係者の処刑に対し責任者として、秘かに弔意を表したのだと分かったのだが、数少ない父の情緒の表現と云えよう。（同右）

峻烈迅速な裁判を遂行した梅津だが、職務を離れたところでは、心中ひっそりと若き軍人たちの死に手を合わせていたのかもしれない。梅津を嫌った人のなかには、彼のことを「表面温厚な君子に見えるが陰性の策士であった」（高木清寿『東亜の父 石原莞爾』）と疑う者もいたが、表《おもて》に出さないだけで温情も秘めていたのである。

陸軍の機構改革

陸軍省はトップに陸軍大臣がおり、次官、軍務局長がいる。ただし、命令系統として次官の下に軍務局長がいるのではなく、次官はあくまで陸相の補佐役であり、軍務局長は大臣に直接つながり、その幕僚として大きな権限を振るった。

しかし、梅津の場合はこれが大きく異なった。彼は陸相と軍務局長をしっかりと抑えていた。ある軍務局員が書類を上に持っていくと梅津の手にも渡され、これを訂正して差し戻したことがあった。このようなことはかつてなかったようで、「おおげさにいえば、軍務局はじまって以来のことだ」と局員一同、驚いたらしい（高橋『昭和の軍閥』）。要するに、梅津は今までの「陸相の補佐官」にとどまるものではなく、きっちりと仕事ができる次官だったのだ。

そして梅津は、この陸軍省の機構改革にも手をつけた。具体的には兵務局の新設、および軍務局内における軍務課の設置である。

「勅令第二百十一号」（昭和十一年七月二十五日公布）の「陸軍省官制中左の通《とおり》改正す」に見える新設の軍務課の役割については、次のように書かれている。

第十三条　軍務課に於《お》ては左の事務を掌《つかさど》る
一　国防政策に関する事項
二　国際的規約に関する事項
三　外国駐在員、留学将校、同相当官及《および》部隊附《づき》外国武官に関する事項
四　満洲国の軍事其《そ》の他之《これ》に関連ある事項
五　満洲国以外の外国の軍事に関する事項
六　帝国議会との交渉に関する事項
七　国防思想の普及及思想対策に関する事項

（勅令第二百十一号）

つまり、国防政策や議会との交渉など、政治に関与する事項を新設の軍務課でまとめて行なうことになった。そして、同勅令で兵務局の設置が明記され、第十四条で兵務局内に兵務課と防備課および馬政課を置くこと、第十五条で兵務課が軍事警察や軍機の保護に関する事務を執ることが決められた。

改正以前の軍務局は相当煩雑な事務に追われていたようで、局長は「群務局長」などと言われるほど、書類の決裁に時間を取られ、大臣や次官を補佐する仕事が疎《おろそ》かになっていたという（上法快男『陸軍省軍務局』）。

この改正については陸軍省および参謀本部の枢要なる職務を経歴した梅津次官の意見が多く盛られており、参謀本部の改正が石原〔莞爾〕大佐のイデオロギーで行われたのに対して、陸軍省の改正は梅津中将のイデオロギーで行われたといっても過言ではあるまい。

（寺内・上法『元帥寺内寿一』）

右のように、参謀本部では石原の主導で新しく戦争指導課が設置された。陸軍省が梅津なら、参謀本部では石原が活躍していることがわかる。しかしまもなく、優れた頭脳を持つ二人の軍人は、意見の相違によって衝突することになる。

梅津の「イデオロギー」とは？

ところで、右の引用文で言及されている、梅津の「イデオロギー」とはいかなるものか。広田弘毅内閣崩壊後、宇垣一成内閣は流産し、林銑十郎が組閣した（後述）。林は陸軍大将であり、永田鉄山を擁して荒木貞夫や真崎甚三郎と対立した人物である。この林内閣の組閣時、梅津は国策研究会を主宰する矢次一夫《やつぎかずお》に自分の考えを語っている。

軍人たるものの本分は、政治にかかわらぬことであり、そして軍人は、大将をもって最高の栄位とすべきであり、大将となることで、十分なる満足と感激とをもつべきものである。しかるに近来の如《ごと》く、なおその大将の上に首相の地位があり、大将にしてこの首相の地位が得られるということになると、大将たることは首相への一階梯《かいてい》に過ぎぬということになって、軍人の政治化、ひいては陸軍の政治団体化を来たし、野心的な軍人を輩出せしむる危険が増大するであろう。（矢次一夫『昭和動乱私史　上』）

梅津は石原莞爾とは異なり、自分の考えや思想を表明するような著作物はない。その梅津に「イデオロギー」があったとすれば、まさしく右の発言がそれにあたるのではないだろうか。これは「軍人勅諭」の一節「世論に惑わず政治に拘らず」という部分に合致する。

軍人が政治にかかわらないため、また政治に軍人が利用されないため、梅津の陸軍機構改革への意識は、この考え方にもとづいていた。

しかし国庫から支出される予算というものがある限り、軍と政治は無関係というわけにもいかない。他省と交渉したり、議会に出たりする必要が出てくる。そのため、政治的な事柄を扱う窓口をあえて明確にし、また軍務局長の煩瑣《はんさ》な事務を効率化することで重要な業務に集中できるようにした。

そして皮肉なことではあるが、軍と政治の関係を限定しようとした梅津の改革はしばしば軍の政治介入を強める結果を生じ、さらには改革のためには梅津自身が軍という組織内で「政治的力量」を発揮する必要に迫られた。

次官になってから一年あまり経った昭和十二（一九三七）年五月に発行された『文藝春秋』六月号に梅津の人物評が載っている。同評は、梅津がかつて「次官に抱負はいらない」と答えた新聞記事に言及している。

彼の補佐ッ振りは、豈《あに》、単なる次官ならんやで、彼は全く、こゝ一年余の間に、一廉《ひとかど》ならぬ政治家的手腕を振《ふる》ったのである。（「人物紙芝居　梅津美治郎」）

はからずも梅津は、陸軍省内で屈指の「政治家」として外部にも知られていった。次官として、三人の大臣（寺内寿一・中村孝太郎《なかむらこうたろう》・杉山元《すぎやまはじめ》）に仕え、その間、内閣は広田弘毅・林銑十郎・近衛文麿（第一次）と、目まぐるしい変転を見せた。しかも、この間に陸軍大将宇垣一成の大命拝辞という事件が起きている。

幻の宇垣一成内閣

宇垣一成は大正から昭和にかけて何度も陸軍大臣を務め、加藤高明《かとうたかあき》内閣時代は陸相として大規模な軍備縮小も成し遂げている。浜口雄幸内閣で陸相を務めたあとに予備役となり、朝鮮総督に転じ、昭和十二（一九三七）年当時は伊豆長岡《いずながおか》（現静岡県伊豆の国市）に隠《いん》棲《せい》していた。

ただし、中央政界に対する野心は旺盛で、その日記には国家や政治への意見がたびたび記されている。その政治的手腕に期待する人も少なくないが、いっぽうで陸軍には彼に反発する者も多数いた。何せ、彼はクーデター未遂事件である三月事件の首謀者と考えられていたのだ。決行前に変心して未遂に終わったとはいえ、その後の陸軍の混乱を作った張本人と言えなくもない。

その宇垣に、昭和天皇からの「お召《め》し」の知らせがあったのは、昭和十二（一九三七）年一月二十四日のことだった。広田弘毅内閣は寺内寿一陸相が議会で浜田国松《はまだくにまつ》議員に批判され、これに激怒した陸軍が解散総選挙を主張したことで総辞職した。その後継として考えられたのが、陸軍へも抑えが利《き》くと見られた宇垣だった。

しかし、宇垣はすでに軍への影響力を失っていた。特に、「宇垣内閣」に反発したのが参謀本部作戦課長の石原莞爾である。宇垣への大命降下を知ったあと、寺内陸相、梅津次官、磯谷廉介《いそがいれんすけ》軍務局長、中島今朝吾《なかじまけさご》憲兵司令官、阿南惟幾兵務局長、石原作戦課長らが陸相官邸に集まった。ここで、石原は次のように述べたという。

「粛軍の途上に於《お》いて派閥感の強い旧将軍の出現は穏当でない。とくに三月事件の嫌疑は粛軍工作上大《おお》いに考慮する必要あり、また国防充実をはからんとする際、軍縮の前歴を持つ宇垣を首相に迎えることは大きな問題である。反対派の真崎〔甚三郎〕が拘禁されて判決未定の時〔真崎は二・二六事件の裁判中〕、宇垣の台頭は更《さら》に拙《まず》い。その他宇垣と政党及《およ》び財閥の関係も庶政一新の要求と相反する憾《うら》みがある。この際断然忌《き》避《ひ》するのが至当と思う」

（横山臣平『秘録　石原莞爾　新版』）

こうして、陸軍は宇垣を排斥することに決定した。宇垣はお召しの一報を受けた翌二十五日汽車で上京し、同日正午横浜《よこはま》に到着して自動車に乗り換えた。しかし、ここで陸軍からの思わぬ使者を迎えることになる。

蒲田《かまた》辺にて中島〔今朝吾・憲兵司令官〕憲兵来《きた》り軍部内の不穏を告ぐ。二・二六事件の如《ごと》く軍隊でも動くかと聞きしに然《しか》らずと答えたり。

（宇垣一成著、角田順校訂『宇垣一成日記　２』）

宇垣が宮城《きゅうじょう》（皇居）へ向かう途中で憲兵司令官の中島今朝吾が待ち構え、同乗してやんわりと「大命拝辞」を要請したのである。対して宇垣は「二・二六事件のような騒動が起こるのか」と問い返しているが、さすがに中島もこれを肯定することはなかった。しかし宇垣はそのまま参内《さんだい》、ついに組閣の大命を受ける。軍部と対決してでも、宇垣は組閣を強行しようとしたのである。

陸軍もこのまま宇垣の組閣を認める気はさらさらなかった。参謀総長、陸相、教育総監の三長官会議では、宇垣内閣への陸相の推薦をしないことに決し、復活させたばかりの軍部大臣現役武官制を利用した。陸相が現役大中将に限られている以上、予備役である自分が兼務することはできず、また慣例として三長官の推薦を受けない軍人を持ってくることは非常に難しい。

それでも宇垣はあきらめず、この上は軍上層部の意向を無視し、強行突破を図ろうと考えた。一月二十七日、内大臣の湯浅倉平《ゆあさくらへい》と面会した宇垣は、「天皇のお力」に頼ろうとする最終手段について話す。それについて、湯浅の秘書官長である木戸幸一《きどこういち》は次のように記している。

宇垣氏は、陸軍との交渉の顚末《てんまつ》を相当詳しく述べられ、其《そ》の対策として左の三の途《みち》を考うることを得とて、暗に宮中方面の尽力を望む風ありたり。

一、各省官制通則により、事務管理にて行くこと。

二、現役将官に優詔《ゆうしょう》を奏請して、就任せしむること。

三、予備役将官を現役に復活せしむること。

（木戸幸一『木戸幸一日記』上巻）

一番目の「事務管理」は、かつて原敬《はらたかし》内閣でワシントン会議に参加する加藤友三郎《かとうともさぶろう》海軍大臣の代理を文官である首相が行なった前例がある。二番目は三長官会議の決定を無視して天皇直々に陸相を指名するもので、三番目は予備、つまり自分自身が現役に復帰して陸相を兼ねるというものだ。確かに、これなら陸軍の同意なくして組閣は可能かもしれない。

しかし、これは天皇が政治へ直接介入することを意味し、問題があまりにも大きくなりすぎる。湯浅は「今は恰《あたか》も激流を遡《さかのぼ》れるが如《ごと》き有様《ありさま》」であり、「激流を遡る船に陛下を御乗せ申すことは余程《よほど》考えねばならぬ」として、宇垣の要請を断わっている（同右）。

いっぽう陸軍の見解は二十七日、つまり宇垣が湯浅に会った日の梅津次官の談話として、翌日朝刊に掲載されている。

宇垣大将が大命を拝辞されるかどうかは宇垣大将の組閣本部の方にあることであって陸軍としては宇垣大将の組閣を阻止するために特別に会議を開くとか対策を講ずるとかいう様《よう》なことは何《な》んにもしていない。（中略）客観的情勢は最早《もはや》如何《いか》なる手段方法を講ずるとも宇垣大将の組閣は至難である。此際《このさい》大政治家であるべき宇垣大将が品位をすてゝまで姑息《こそく》なる手段を強行することは想像されない。従って立派に拝辞されることを信じきっている。（中略）陸軍の粛正達成と部内統制はどうでもよいというのなら兎《と》に角《かく》荀《いやしく》もこれを熱望する人は何人も軍の今回の態度を理解して同意して貰《もら》えることと信じて疑わないものである。

（「東京朝日新聞」一九三七年一月二十八日）

文面だけ見れば「組閣の邪魔はしないが、考えてくれ」程度のものだが、「釘を刺す」形で、宇垣に大命拝辞を促している。結局、この梅津談が新聞に掲載された翌日、宇垣は大命を拝辞した。かつては「宇垣閥」とまで呼ばれる勢力を築いた稀代《きたい》の野心家は、待望の総理大臣を目前にして無念の涙を飲んだのである。

石原莞爾の戦略構想

ところで、宇垣一成に対して陸相推薦を拒絶し、大命拝辞まで持っていった主導力は、参謀本部作戦課長（作戦部長代理）の石原莞爾であった。先に陸軍首脳を集めて反宇垣の姿勢を決めた際、重要部署（作戦課）とはいえ、一課長に過ぎない石原が会合を取り仕切った姿からも、その勢いのほどがうかがい知れる。

実は、石原が反宇垣の行動を起こした理由は前記以外にもう一つある。当時、軍務課の佐藤賢了《さとうけんりよう》少佐（のち中将、軍務局長）は三月事件に関係したことで宇垣排除に協力したのだが、のちに「石原大佐はそればかりでなく、産業五カ年計画というものをやるために異論を持った」ことを知る（佐藤賢了『軍務局長の賭け』）。

「産業五カ年計画」とは正確には「重要産業五カ年計画」と言い、石原が組織させた「日満財政経済研究会」から提出された「日満産業五カ年計画」がもとになっている。同計画は昭和十二（一九三七）年五月、陸軍省に移管され、「重要産業五カ年計画」となる（川田『石原莞爾の世界戦略構想』）。同計画の「要綱」にある方針は次のようなものだ。

概《おおむ》ね昭和十六年を期し計画的に重要産業の振興を策し以《もっ》て有事の日日満《にちまん》及北支《ほくし》に於《おい》て重要資源を自給し得るに至らしむると共に平時国力の飛躍的発展を計《はか》り東亜指導の実力を確立す。

（角田順編『石原莞爾資料［増補版］国防論策篇』）

簡単に言ってしまえば、計画経済の方策である。そして、このような構想を実現するには政党や財閥などの既成勢力、つまり現状維持勢力の存在は邪魔であり、宇垣は彼らと近いと見られていた。石原にとって、三月事件などは表向きの理由で、むしろこちらのほうが本音だったという（高杉洋平『昭和陸軍と政治』）。

では、梅津自身は宇垣への大命降下や石原の動きをどう考えていたのだろうか。

『秘録 石原莞爾 新版』（横山臣平著）によれば、石原が陸軍首脳らを前に宇垣反対を唱えた時、「寺内〔寿一〕と梅津は余り喋《しやべ》らなかった」とある。先に引用した新聞記事からしても、とりあえず宇垣排除に動いたものの、それほど積極的に反宇垣だった様子はない。というより、実のところ梅津は宇垣でもかまわないと思っていたらしい。積極的に宇垣を推《お》すわけではないが、憲兵司令官を走らせ、「大命拝辞」をちらつかせるほど忌避してもいなかった。

とはいえ、梅津はけっして何も考えていなかったわけではない。石原に対しては満洲事変の頃から不信感を抱き、それがこの頃から決定的なものへと変わっていったようだ。そして今度は、梅津が石原の構想を阻止すべく動き出すのである。

なぜ宇垣内閣を潰したのか

柴山兼四郎《しばやまけんしろう》という軍人がいる。歩兵科出身が主流を占めた陸軍にあって、輜重兵科《しちようへいか》出身ながら次官まで出世した人物で、宇垣内閣流産事件の際は弘前《ひろさき》で輜重兵第八連隊長を務めていた。日中が戦争状態に突入した時は軍務課長として、早期の和平にも尽力している。外務省東亜局長を務め、陸軍軍人を厳しく批判した石射猪太郎《いしいいたろう》をして「陸軍部内で最も正しく中国を理解する第一人者」「陸軍部内でともに中国を談ずるに足る唯一の存在」とまで言わしめた、陸軍で指折りの中国通であった（石射猪太郎『外交官の一生』）。

この柴山がもっとも尊敬し、評価していたのが梅津だった。派閥やグループを作らなかった梅津にとっても、柴山は数少ない信頼できる部下の一人であった。柴山自ら、梅津との関係を次のように語っている。

真に肝胆相照《かんたんあいて》らすの親しさを以《もっ》て往来した者は、軍においては私以外にいなかったというても過言ではあるまい。

（柴山兼四郎著、赤城毅彦・潮田良一郎編『元陸軍次官柴山兼四郎中将自叙伝　郷土の先覚者』）

自信過剰とも取れる回想ではあるが、それだけ自負心の強い人間が「肝胆相照らす」一人が梅津だったとも言える。

柴山は昭和十二（一九三七）年三月、新設軍務課の二代目課長として陸軍中央にやってくる。柴山によると、彼自身は軍が政治に関与しすぎるのに反対で、宇垣一成内閣出現に賛成だったという。軍務課長就任後は、なぜ軍首脳が石原莞爾に動かされたかを調査し、梅津による次の述懐を得ている。

首脳部もこれを知らぬではなかったが、これを権力で断圧して宇垣内閣を成立せしめてもその後がうまくゆくはずもなく、また一方これがため軍内部の派閥関係を再燃せしめ、国軍の危機（二・二六事件）を醸《かも》すようなことがあって、かえって国家に災《わざわ》いを及ぼす恐れがあったので、涙をのんで宇垣将軍に奉還を勧告したのである。（同右）

つまり、無理に石原の意見を圧殺して宇垣首班に協力したならば、せっかく緒《しょ》に就いた粛軍（派閥の排除）が台なしになる、それゆえ、やむなく石原の意見を取り上げた、というのである。

加えて、石原は宇垣を排除するために相当無茶な手段を使ってもいた。三長官会議で陸相の推薦を見送ったことで宇垣の組閣に大きな打撃を与えたのは前述した通りだが、これを仕組んだのが、実は石原だった。宇垣に近い小山完吾《こやまかんご》（元衆議院議員）の日記には、伝聞ながら次のような記述がある。

後、聞くところによれば、〔閑院宮載仁親王《かんいんのみやことひとしんのう》〕参謀総長宮殿下が、陸軍三長官会議に出席致されたるは、全《まつた》く陸軍のトリックにかかりたるものにて、会議の前夜深更《しんこう》、石原〔莞爾〕大佐、宮殿下を御訪問申上げ、翌朝の会議に御出席あらんことを懇請し、宮殿下は、右につき、重大意義を持つにいたるべき事等に関し、深く御感知なきまま、翌朝、御出席遊ばさるるにいたり（後略）。

（小山完吾『小山完吾日記』）

石原は、皇族である閑院宮参謀総長の権威を利用すべく、わざわざ会議前日の深夜に総長宅を訪ね、出席の懇請までしたのだった。総長が出席しての会議であれば、その決定はより大きな意味を持つ。こうなると、反対は難しくなり、無理をすれば陸軍がまた混乱に陥《おちい》るという梅津の弁もまんざら杞憂《きゆう》とは言えなくなる。

しかし柴山がこの話を聞いた時、すでに石原の動きは梅津により阻止されつつあった。

林銑十郎を操る人物

宇垣一成の組閣が失敗後、組閣の大命は元陸相の林銑十郎に下った。林は、かねてから石原莞爾が推していた人物だが、その理由は「林大将なら猫にもなるし虎にもなるし、自由自在にすることができるから……」（原田『西園寺公と政局』第五巻）、つまり自分の思うままに操《あやつ》れるという「軍の政治介入」を絵に描いたようなものだ。確かに、林は「後入斎《こうにゅうさい》（自分の意見を持たず他人の意見に流されやすい）」とのあだ名もあった。

石原の策謀は宇垣内閣阻止、林への大命降下と次々に成功した。石原の威勢は参謀本部だけでなく陸軍省にもおよび、林内閣の陸軍大臣に板垣征四郎を配置すれば完成、という段階にまできた。板垣は石原と共に満洲事変の主導者であり、石原の先輩であるが（陸士で五期上、陸大で二期上）、「盟友」と言ってもいい間柄である。

しかし、梅津はすでに林と板垣の登板を防ぐ手を打っていた。宇垣が正式に大命を拝辞する前日である昭和十二（一九三七）年一月二十八日、海軍省の山本五十六《やまもといそろく》次官（のち元帥、連合艦隊司令長官）に対し、宇垣の組閣は「派閥的観念を蒸《む》し返す」と陸軍の反対意見を述べたあと、次のような話をしている。

南〔次郎・朝鮮総督、予備役陸軍大将〕、荒木〔貞夫・予備役陸軍大将〕、林〔銑十郎〕等問題になる人は皆不適当にして、陸軍としては絶対に避《さ》けたし。其《そ》の他なれば海軍にても文官にても誰にても可なり。茲《ここ》一、二年は粛軍《しゆくぐん》真に成る迄《まで》は色のある陸軍の人にては困る。陸軍大臣は杉山〔元〕大将辺《あたり》ならん、板垣〔征四郎・関東軍参謀長〕中将は一部若者の希望にて上級者収まらず。政策に容喙《ようかい》する悪風には困惑し、本然の軍人に立戻《たちもど》る要切《せつ》なり。

（軍事史学会編、黒沢文貴・相澤淳監修『海軍大将嶋田繁太郎備忘録・日記Ⅰ』）

梅津は、林首相ばかりか板垣陸相すら不可と告げている。板垣を希望する「一部若者」とはむろん石原らに他ならない。さらに陸軍から首相を出すことを嫌がり、「海軍にても文官にても誰」でもいいと述べている。梅津にすれば、粛軍はまだ終わっておらず、石原など政治に口を出す軍人を退《しりぞ》け、陸軍の本来あるべき姿を取り戻そうとした意識がうかがえる。林への大命降下こそ許したが、これ以上譲《ゆず》る気はないと考えていたのだろう。

林に組閣の大命が下った翌日の一月三十日午前、梅津は林を訪ねる。ここで、陸相人事の話が出たのはまちがいないだろう。林、つまり石原の構想する内閣としては、蔵相に池《いけ》田成彬《だしげあき》（三井合名理事から日銀総裁）、海相に末次信正《すえつぐのぶまさ》、そして陸相に板垣征四郎の予定だった（矢部貞治『近衛文麿』）。石原は林の組閣参謀として自身の同志である十河信二《そごうしんじ》（元満鉄理事、戦後国鉄総裁）や政治浪人の浅原健三《あさはらけんぞう》（八幡製鉄所のストライキを指揮）を送り込み、林の組閣をサポートさせていた。

林は翌三十一日午前十時頃、陸相人事について相談するために寺内寿一を陸相官邸に訪ねた。林は「板垣征四郎中将を最適任者と認むるが故《ゆえ》に是非共《ぜひとも》板垣中将を陸相として懇望」したが（浅原健三「浅原健三日記」）、寺内の回答は林の望んでいたものではなかった。

既《すで》に昨日三長官会議を開催し、中村孝太郎中将を推薦することに決定せる旨《むね》答えたり。

（浅原「浅原健三日記」）

これこそ陸軍が推す第一候補である。なおも林はあきらめず、次のように述べる。

現下《げんか》内外の時局頗《すこぶ》る重大なる折柄《おりから》粛軍並《ならびに》統制を徹底せしむることが新内閣として最《もつとも》重きを置かなければならないことである。仍《よつ》て特に梅津陸軍次官の来邸を求めて軍部内の情勢等に就《つ》き詳細報告を受け、更《さら》に沈思黙考したる結果、板垣中将を措《お》いて他に適任者なしとの結論に到達したるに付《つき》、今一応考慮を願う旨依頼し、自らも亦《また》十分再考すべき旨約して退出したり。（同右）

梅津が前日に林を訪ねたのは既述したが、林と別れたあとに即座に三長官会議を開かせ、ここで「板垣拒否」を決定させたのも梅津だったのだ（「五百旗頭真「陸軍による政治支配――二・二六事件から日中戦争へ」）。ここで、林（石原）の計画はつまずきを見せる。

梅津vs.石原

林は次に海軍大臣永野修身《ながのおさみ》を訪ね、後任海相として末次を希望した。永野は即答せず、

「総長殿下と御相談の上」お答えすると言って林を引き取らせた。そして、軍令部総長である伏見宮博恭王《ふしみのみやひろやすおう》と相談の上、末次ではなく米内光政《よないみつまさ》が適任だと回答した（軍事史学会他『海軍大将嶋田繁太郎備忘録・日記Ⅰ』）。これに対して、林は「意外の顔」で「末次にては悪きや」と質問したところ、永野は「末次も立派な人なるも米内も立派な人」と応答し、林は「良く考うべし」と言って別れた（同右）。

林が永野を訪ね、永野が後任に米内と答えたこの日、梅津は山本五十六次官に次のようなことを話しに来た。

林大将来訪のとき陸軍よりは中村［孝太郎・教育総監部本部長］中将を推薦せしが同大将の意中の人と異なるとて一致せず、海軍如何。山本次官より大臣帰邸し詳しく知らざるも同様と思うと答え、梅津より陸海協同して進み度《たく》申し入れ海軍同意す。

（軍事史学会他『海軍大将嶋田繁太郎備忘録・日記Ⅰ』）

このように、梅津は海軍との連携もしっかり取り、軍部大臣の候補を現在の線で推していくことを確認した。
いっぽう、林の陣営は同日午後、今度は組閣参謀長たる十河信二が寺内寿一を訪問して再び板垣陸相案の受け入れを懇望するが、寺内は言を左右にして了承しない。やむなく十河はそのまま組閣本部に戻るが、十河の話を聞いた林はすでに折れかけていた。

「此《こ》の上は已《や》むを得ない、寺内陸相の言はるゝ如《ごと》く三長官の決定に服従するの外《ほか》ないと考えます。私は決心致しましたから、是《これ》より寺内陸相を訪問して中村中将を陸相として迎えることをお答えし度《た》いと思います」（浅原「浅原健三日記」）

おそらく、林は最初に寺内の拒否に遭《あ》った際、もう折れかけていたのではないか。石原莞爾は林を「猫にもなるし虎にもなる」「自由自在にすることができる」と言ったが、それは石原だけではない。別の者も同じことができる。梅津は三長官会議と海軍との連携を通じて、林を「猫」にしてしまったのだ。
林の前述の発言に対して、十河は「それは余りに性急なお考えではないでしょうか」と引き留め、別の組閣参謀の意見も聞いて、ひとまずもう一度陸相を訪ねてみることになった（同右）。林は午後五時、組閣本部を出て再び陸相官邸に向かった。

ところが、いつまで経っても陸相官邸から林到着の連絡がない。心配した一同が憲兵に調査を依頼すると、ようやく行き先がわかった。林はまっすぐ陸相官邸に向かうのではなく、その前に閑院宮参謀総長のもとを訪れていたのである（同右）。

陸軍省でも、この動きを把握していなかった。林の組閣本部は青山《あおやま》にあったのだが、林が車で陸相官邸に向かった時は新聞社の車が多数ついてきた。しかし、途中で参謀総長邸に入る。驚いた記者の一人が陸軍省に駆け込み、「林さんが、閑院宮邸へ這入《はい》ったのは、どんな意味だ」と問い質《ただ》す（松村秀逸『三宅坂』）。これを聞いた新聞班の松村《まつむら》秀《しゅう》逸《いつ》少佐が、磯谷廉介軍務局長に話を伝えた。

「そんなことは、絶対にないよ」

「記者、自身が目撃して来たのですから、間違いはないでしょう」

「それじゃ、梅津次官に話しておいてくれ」

（松村『三宅坂』）

そして松村は梅津が一人ストーブにあたっているところに行き、林の行動を伝えた。しばらく考え込んだ梅津は「隠謀《ママ》だ、よくわかった」（同右）と言って急いで部屋を出ると、大臣室に駆け込む。すこしして大臣室から出てきた梅津は秘書官に対し、次のように依頼した。

「閑院宮邸の稲垣《いながき》〔三郎《さぶろう》〕別当《べっとう》に電話して、林大将が、殿下にどんなことを話されたか、聞いてほしい」（同右）

稲垣は陸軍中将である。別当は言うなれば執事のようなもので、外部との連絡なども別当を通すことが多かった。梅津はかつて石原莞爾が閑院宮を動かし、宇垣一成内閣を阻止した件が頭に浮かんだに違いない。今度も、林が閑院宮を動かし、石原一派の「板垣陸相案」を押し通そうとしている、と睨《にら》んだのだろう。

しかし、これは杞憂だった。稲垣は「単なる大命降下の御挨拶《ごあいさつ》だけ」と答えた（同右）。稲垣はかつて石原が閑院宮を動かすために訪問した際はたまたまその場におらず、のちのち宮邸に長年仕えながら大事の時にいなかったことで「飛んだ事態をかもしたり」と残念がっていたというから（小山『小山完吾日記』）、石原に動かされている林のために嘘をつくことはないだろう。

梅津の懸念ははずれていたものの、それだけ彼が新陸相選考に神経を使い、石原一派の策動を注視していた証左と言える。

閑院宮邸訪問後に陸相官邸に来た林は結局、寺内を説得できず、ついに「中村孝太郎陸軍大臣」を選択したのである。そして梅津は、陸軍省内で石原に協力的だった磯谷廉介軍務局長、石本寅三《いしもととらぞう》軍務課長、片倉衷《かたくらただし》満洲班長らを転勤させている。この時以降、石原と梅津の仲は「すっかり悪くなった」という（松村『三宅坂』）。

近衛文麿内閣と梅津の暗躍

林銑十郎内閣は中村孝太郎を陸相に迎えて、昭和十二（一九三七）年二月二日に出発したものの、その基盤は脆弱《ぜいじゃく》だった。政党の支持を得られず、陸軍のバックアップもなかった。

まず新陸相となった中村は胸部疾患が発覚し、わずか一週間で辞職するはめになった。中村陸相の疾患発覚を受けた梅津の動きは早かった。内閣と連絡し、教育総監になっていた寺内寿一とも連絡を取って三長官会議を開かせると、あっというまに後任陸相を杉山元に決定してしまった（松村『三宅坂』）。石原らの策謀の入る隙《すき》はなかった。その後も支持基盤が安定しない林内閣は同年六月、わずか四カ月の短命内閣に終わってしまう。

大命はついに公爵近衛文麿に下った。藤原道長《ふじわらのみちなが》に連なる五摂家筆頭の近衛家に生まれた彼は、以前より人々から総理大臣に熱望されていた。現に一度、二・二六事件後に組閣の大命を受けているが、この時は拝辞している。そして昭和十二（一九三七）年六月一日、近衛に二度目の大命が降下した。正式な内閣発足は六月四日のことである。

日本全国の輿望《よぼう》を担って誕生した近衛内閣が発足してまもない七月七日、中国・北京《ペキン》である事件が突発する。発生場所の名を取って「盧溝橋《ろこうきょう》事件」と呼ばれる同事件は、支那駐屯軍の一部隊が夜間演習中に銃撃を受けるところから始まった。盧溝橋事件はその後の日中戦争、そして太平洋（大東亜）戦争へと至る起点の一つとして、非常に重要だが、それがわかるのは後世のことだ。

陸相は杉山元が前内閣から留任しており、次官の梅津も同様だった。二・二六事件以後、陸相は寺内寿一、中村孝太郎、杉山と三人を経てきたのに対し、次官の梅津はずっと同じ地位にいる。下を見ても要職の軍務局長は磯谷廉介、後宮淳《うしろくじゅん》と交代している。陸軍の枢要な地位におり、かつ政治とも関係する地位に代わらずにいる梅津の存在が、自然と大きくなってくるのは必然だった。

しかも梅津は親分肌の軍人ではなく、派閥やグループを形成するようなことを避けた。軍内の秩序を重んじ、本務以外にかかわることを嫌った。優れた頭脳の持ち主だったため、ともすると「陰謀をめぐらす得体の知れない実力者」として見られることもあったようだ。近衛もまた、梅津を警戒の目で見ていたのである。

梅津への誤解と警戒

近衛とつきあいのある一人に、秋山定輔《あきやまさだすけ》がいる。元衆議院議員で、近衛内閣成立当時は政治浪人として「陰の実力者」のような立場だった。秋山がある時、内閣資源局企画部の池田純久《いけだすみひさ》中佐（梅津と同郷の大分県中津出身でのち中将、内閣綜合計画局長官）に対し、次のように述べた。

「梅津大将〔原文ママ。当時梅津は中将〕はきみの郷里の先輩ではないか。近衛内閣の倒壊を企図する陰謀をめぐらしているといううわさである。きみからよく注意したまえ」

（池田純久『日本の曲り角』）

池田はこれを否定したものの、そういった噂が流れていることが心配になってきた。その数日後、池田は荻窪《おぎくぼ》にある近衛邸（荻外荘《てきがいそう》）に呼ばれ、近衛本人からも言われる。

「池田君、梅津君は君と同郷だそうだね。梅津の陸軍か陸軍の梅津か、といわれるほどの偉い将軍だそうだね。しかし近衛内閣倒壊の陰謀をもっている様子だってね」

（同右）

これを聞いた池田は、「とんでもない。梅津将軍はそんな政治的陰謀のできる人ではありません。そんな陰謀は将軍の最もきらいな事です」と否定し、なおも疑う近衛に一度梅津と会ってみることをすすめた。近衛もこれを承諾したので、池田は梅津のもとへ行くと、一度近衛を訪ねてくれと頼み込む。しかし、梅津はなかなか同意しない。

「池田君、僕は次官だよ。大臣を抜きにして総理に会うことは、越権ではあるまいか」

「大臣の認可を受けられてはどうでしょうか」

「そのうちに会うことにしてみようか」

（同右）

とようやく承知し、一カ月後、近衛のもとを訪れた。近衛はこの時の感想を、のちに池田に話している。

「池田君、梅津将軍に会ったよ。一時間ばかり話してみたが、聞きしにまさる偉い将軍だね。政治的陰謀なんかやれる人じゃないね」

「それごらんなさい！」（同右）

近衛に会うことを「越権ではないか」と心配するくだりなど、いかにも梅津らしい。軍人が政治に容喙することを嫌い、陸軍の要職にある自分が人気抜群の近衛に会うことは政治への介入と見られるのではないか、との配慮が働いたのだろう。

ところで、梅津と面会した近衛は誤解を解いたということだが、本当だろうか。

というのも、のちに近衛は再び梅津に疑惑の目を向け、あろうことか巨大な陰謀の主要人物ととらえるようになるからだ。そして、この時梅津と近衛を仲介した池田までもが、梅津と共に日本を破滅させる悪役として非難されている。もし近衛の梅津への誤解がこの時に本当に解けたのであれば、のちに近衛はその意見を再び変えたことになる。

梅津については、近衛の側近からも噂が出ていたらしい。最後の元老・西園寺公望《さいおんじきんもち》の私設秘書として、多様な筋からの情報収集にあたっていた原田熊雄《はらだくまお》（近衛とも親しい）は、次のように記している。

近来、総理の側近の者達が「梅津次官は非常にけしからん」と言ったとか、他からも「陸軍次官の梅津はよくない」というような話がさかんに聞こえて来た。自分はあまり直接会ったこともないけれども、海軍や外務省あたりのいろんな話でも、梅津中将という人は大体正《だいたい》しい人で、いわゆる若い将校連中に迎合的にしむけないことが、恐らくいろんな非難を生む因となっているように思われた。なお自分がたゞそう思っているだけでもいけないから、陸軍大臣は無論のこと、海軍大臣や次官なんかに聞いてみても、やはり「陸軍では梅津が一番正しくってしっかりしている」という話であったから、その話をとにかく一応総理の耳に入れておいた。

（原田『西園寺公と政局』第六巻）

「親分肌」ではない梅津の性格が、部下の一部からも反発を食らっていたことがわかる。逆に言えば、それまでは「若い将校連中」に迎合的な将官クラスの人間が少なくなかったということになる。一見親しみづらく、しかも優れた頭脳を持った梅津の存在は、それまで自分たちが仕えていた将軍たちと違ったため、煙たく感じたのだろう。

意外なのは、梅津の評価が外部（海軍や外務省）でかなり高いことだ。同じ次官である山本五十六との関係が良好だったことも高評価の理由であるかもしれない。いずれにせよ梅津は、傍目《はため》からは「それまでの陸軍軍人とは違う」と見えたのだろう。

日中戦争と石原の敗北

昭和十二（一九三七）年七月七日に盧溝橋周辺から始まった日中の衝突はそれほど拡大せず、現地協定によって収束する気配を見せた。しかし、中国軍に比べて支那駐屯軍は数の上で圧倒的に不利であり、居留民のことも考えれば事態を看過できないという意見も強かった。そして七月二十七日、とうとう内地師団の派遣が決定される。

いっぽう、中華民国軍事委員長の蔣介石《しょうかいせき》もまた、いわゆる「最後の関頭《かんとう》」演説で日本との安易な妥協を拒絶する姿勢を見せた（日本国際政治学会太平洋戦争原因研究部編『太平洋戦争への道　開戦外交史　第四巻　日中戦争　下』）。

この時の参謀総長は閑院宮載仁親王であり、皇族ゆえ実務には携わっていない。また次長の今井清《いまいきよし》（梅津の陸士同期）は病臥中ということもあり、参謀本部を双肩に担う形となった第一部長の石原莞爾の苦労は想像に難くない。石原は不拡大方針の代表者だったが、現地軍と居留民の安全を考慮した結果、やむなく派兵を決裁した（同右）。

しかし、石原や彼の設置した戦争指導課は不拡大をあきらめず、派兵は二週間のうちに三回も決定と中止が繰り返された。石原は陸相室に杉山元を訪れ、同室した梅津や田中新一《たなかしん》一《いち》軍事課長を前に「肺肝《はいかん》をえぐる気魄《きはく》」で訴えたという。

〝現在の動員可能師団は三十個師（団）で、その中十五個師（団）しか支那方面にあてられないから到底《とうてい》全面戦争はできない。然《しか》るにこのままでは全面戦争化の危険が大である。その結果は恰《あたか》もスペイン戦争におけるナポレオン同様、底なし沼にはまることになるから、この際思い切って北支にあるわが軍全部を一挙山海関《さんかいかん》〔現河北省《かほくしょう》秦皇島市《しんこうとうし》〕の満支国境までさげる、そして近衛首相自ら南京《ナンキン》に飛び、蔣介石と膝《ひざ》づめで日支の根本問題を解決すべし〟

（田中新一「日華事変拡大か不拡大か」）

これに答えたのは杉山ではなく梅津で、「いつもの冷静さ」でこう述べた。

〝実はそうしたいのである。がそれは総理に相談し総理の自信を確《たし》かめたのか。北支の邦人多年の権益財産は放棄するのか。満州国はそれで安定しうるのか〟（同右）

やはり梅津は、石原に疑惑の目を向けていたのである。

石原は、参謀本部内でも部下と対立していた。作戦担当の武藤章第三課長は田中新一と同じく強硬論者で、かつ上司にも物怖《ものお》じせず意思を通そうとする性格だったため、石原と怒鳴り合いを演じることすらあった。

たとえば七月二十二日、作戦課員の今岡豊《いまおかゆたか》が部長室の前を通ると、開けっ放しの部屋の中から石原と武藤の激しい言い争いが聞こえる。細かい内容はわからなかったが、「君がやめるか僕がやめるか、どっちかだ」という興奮したやりとりにまで発展していた（今岡豊『石原莞爾の悲劇』）。

八月十四日、執務が取れなくなった今井に代わり、第一一師団（香川県・善通寺《ぜんつうじ》）の師団長・多田駿が参謀次長に就任する。多田は中国文化に深い造詣を持ち、陸軍でも屈指の中国通と呼ばれた人物である。石原とも旧知の仲で、石原以上とも言える日中戦争不拡大論者だった（拙著『多田駿伝』参照）。

そして石原は多田に自分の意思を託すがごとく、九月に内地を去る。関東軍参謀副長に異動となったのだ。かつて省部（陸軍省と参謀本部）に巨大な影響力を持った石原の「敗北」と言えるだろう。

梅津の真意は拡大か、不拡大か

前述したように、石原莞爾が不拡大論を展開した際、梅津は異議を唱えている。では、梅津が「この際武力によって、反日侮日を繰り返す中国を懲《こ》らしめる」ことを企図したかと言えば、そうではない。梅津は現状を「不拡大を望むが増派やむなし」と考えていた。そして、おそらく石原への積もり積もった不信感があのようなセリフとなったのではないだろうか。

その傍証となる、一つのエピソードがある。話は昭和十一（一九三六）年末頃のこと、関東軍では、満洲国に隣接する蒙古《もうこ》地域を通じて赤化工作を仕かけてくるソ連に対抗するため、蒙古族の中で有力者だった徳王《とくおう》を援助するなどしていた（内蒙工作）。しかし、徳王は中国側の傳作義《ふさくぎ》と戦い、敗北してしまう。工作資金も尽きた関東軍は、次官の梅津に助けを求めた。担当は、かつて梅津と共に満洲事変の対処に苦慮した今村均参謀副長である。

今村は上京して梅津に会うと、内蒙工作の内情について話し、三〇〇万円の援助を乞《こ》うた。しかし、梅津は陸軍中央が中止させようとしているにもかかわらず、関東軍が内蒙工作を続けていることを批判し、また関東軍の報告が遅れたことを詰《なじ》った。すこし長くなるが、梅津の考えがよく出ているので次に引用する。

「誠《まこと》におくれて相すみません。それでこのたび私に上京を命ぜられたのであります」

「左様な申訳《もうしわけ》は立ちません。北支駐屯軍司令部は、関東軍のやっている内蒙工作を、一部始終中央に報告して来ています。関東軍が、いかに中央の意向を無視し、勝手なふるまいに及んでいるかは、明らかに知られています。君は軍司令官の希望というが、僕はそれを信じない。今日に至っては、すべてをぶちまけて云《い》っておかなければならん。そもそも西尾《にしお》〔寿造《としぞう》〕軍参謀長が、参謀次長に転出の場合、そのあとに、板垣〔征四郎〕を軍参謀長に昇格せしめるとして、新副長に誰を充《あ》てたらよいかについて、僕は西尾中将と相談した。満州事変当時のような、中央の統制を無視し、出先《でさ》きだけで、専断の振舞《ふるま》いをする悪傾向は、西尾中将の努力で、大きく矯正《きょうせい》はされたが、まだ根絶には至ってはいない。結局満州事変当時、中央の作戦課長として、僕等といっしょに、関東軍の統制無視に苦汁《くじゅう》をのまされた君なら、この悪風根絶に努力するだろう。もちろん君が下の参謀たちに手こずることもあろうし、悪評の嵐にさらされることもあろう。が、これは中央が君のうしろだてになってやればしのいで行けようというので、君を今の位置におしたのだ。つい先頃まで、満州からつたわる君の悪評と、その悪評の原因とを知るたびに、僕は君をあの位置にすえたのはよかったと、思っていたものだ。それが、この内蒙工作に至ってはどうです。僕は、一私人として、君の今日の説明がわからんことはない。赤化工作と蔣〔介石〕の策謀に対する心配も尤《もっと》もであり、ソ連との間に衝突を起こさない考慮のもとに特務機関の配置も肯定される。しかし何よりも大きな緊要事は、かつて五年前君が力説した、軍律の統制に服する軍紀の刷新なのだ。君が武藤章〔後の中将〕や田中〔新一〕の献策を考慮するのはよい。が、君までが中央の統制を俟《ま》つことなしに、内蒙工作に同意するようになったとは……〝居《きよ》は人の心を移す〟のか。遂《つい》に君も満化し、かつての石原〔莞爾〕の後を追おうとしている……」

（今村『私記・一軍人六十年の哀歓』）

ここまで言って梅津は今村を見つめたが、今村によれば「その目はうるんで」いたという。今村はすっかり梅津の言葉に参り、結局、何の収穫もなく帰ることになった。今村は「右の梅津中将のおしえぐらい、私を懺悔《ざんげ》させたものは他には少ない」とまで述べている（同右）。梅津が今村を相当信頼していたこと、その今村が石原と同じく「満化」した様を叱るのではなく悲しんでいること、そして中国大陸における現地軍の暴走をいかに憂《うれ》えていたかがよくわかる。

梅津の言う「満化」とは、出先機関が陸軍中央の統制に服さず、勝手な謀略もどきに走るような傾向を指しているのだろう。その典型的な事例として柳条湖《りゆうじようこ》の鉄道爆破に始まる満洲事変があり、中心人物として石原の名前があったのだろう。こういう考え方をする人物が、日中の衝突を積極的に拡大させるとは考えづらい。

中国戦線へ

盧溝橋で始まった衝突はやがて北支事変となり、支那事変となり、徐々に泥沼の持久戦争の様相を見せ始めた。昭和十二（一九三七）年十二月には、直前まで首都だった南京が陥落。それでも戦いは終わらなかった。

そのようななか、和平交渉継続を訴える参謀次長多田駿や戦争指導班の願いも虚《むな》しく、昭和十三（一九三八）年一月十六日には、近衛文麿首相による「蔣介石を対手《あいて》とせず」で有名な近衛声明が出される。そして梅津もまた、中央を去る日が来る。同年五月、中国の山西《さんせい》省に第一軍司令官として赴くことになったのだ。

陸軍次官在職中の梅津は逆説的ではあるが、「軍が政治とかかわらないため」「軍人の本分に戻るため」その政治的手腕をいかんなく振るった。また、前述の今村均の例が示すように野放図な軍事的行動を嫌い、二・二六事件のような秩序破壊行動には断固たる決意をもって臨んだ。

テロやクーデター騒ぎが頻発する陸軍には、外部からも怪しげな政治ゴロが近づき、時には軍から資金を出すこともあったらしい。彼らは歴代次官のもとへ行き、金をせびっていたという。しかし、これが梅津となると勝手がずいぶん違う。梅津の下で軍事課予算班長を務めた西浦進《にしうらすすむ》は語る。


これを梅津さんが次官当時に、梅津さんという人は非常に理性的な人なものですから、これをかなり削《けず》ったのです。これが梅津さんの評判の悪くなった有力な原因なんです。部外から、このために評判が悪くなりました。（中略）それと、部内では参謀本部あたりに、梅津さんという人は大変堅《かた》い人ですから、煽《おだ》てたってあまり煽てに乗らない人ですから、部内でもあまりそういう意味ではよくなかった。部外に対してそうやって金を断《た》ったということは、「昔から前の人の時にはお盆と暮れには一〇〇円ずつくれたが、梅津さんになってからは門前払いだ」ということであれば好意は持ちませんですからね。

（西浦進『昭和陸軍秘録』）

梅津は、自分の評判などはまったく気にしなかったようだ。そうした彼の態度が、あらぬ噂となって近衛などの耳にも入ったのかもしれない。軍に近づく政治ゴロをはねつけ、腐《くさ》れ縁《えん》を断ち切ろうとするその姿勢は評価されるべきだろう。

しかし、欠点もある。宇垣一成内閣流産に際して石原莞爾と協力した片倉衷は、梅津のことを次のように評している。

人あたりが柔《やわら》かいだけに、胆《きも》の太い外柔内剛《がいじゅうないごう》の人で、石橋を叩《たた》いても渡らない慎重の上にも慎重を期す人であった。しかし一度決意するときの断は、素晴らしいものを持っていた。

（片倉衷『片倉参謀の証言　叛乱と鎮圧』）

裏を返せば、即決が要される場面では後れを取ることがなきにしもあらず、になるかもしれない。しかしそれは、けっして不決断ではなく、また人に操られるようなこともない。この特性は、のちに昭和史の重要局面で大きな影響を与えることになる。

第三章 国境の司令官

——第二の後始末、ノモンハン事件

異例の就任

梅津が中央を離れた昭和十三（一九三八）年五月以降も、日中戦争は終わらなかった。同年十月には武漢三鎮《ぶかんさんちん》（武昌《ぶしょう》・漢口《かんこう》・漢陽《かんよう》）を占領し、翌々年三月には蔣介石の国民政府とは別の汪兆銘《おうちょうめい》政権（南京国民政府）が南京に誕生した。汪兆銘は蔣介石とは異なり、日本との和平に応じようとする国民党の雄《ゆう》だった。そして蔣と袂《たもと》を分かち、日本の支援を受け、政権を樹立したのである。

国内では昭和十四（一九三九）年一月に近衛文麿内閣が総辞職、枢密院議長の平沼騏一郎《ひらぬまきいちろう》が新たに組閣する。平沼は日独伊防共協定の強化を推し進めたものの、八月にドイツとソ連が不可侵条約を締結。同月、総辞職した。

梅津はこの間、第一軍司令官として軍を指揮していたが、配下の参謀に竹田宮恒徳王《たけだのみやつねよしおう》大尉がいた。恒徳王が戦後残した自叙伝に、次の記述がある。

十四年の新春には、「大掃討作戦」が発動された。この作戦計画は私が立案したが、何回も書き直した末、大晦日《おおみそか》の真夜中になり、やっと梅津美治郎軍司令官の決裁を得ることができた。

（竹田恒徳『雲の上、下思い出話』）

梅津は、たとえ皇族であっても甘く見るようなことはなかった。立案した計画に瑕疵《かし》があれば書き直させた。敬意は保ちつつ、きちんと部下として接したのだろう。

第一軍司令官

昭和13（1938）年10月、中国の石家荘にて

（梅津家所蔵）

梅津は第一軍司令官として山西省にあること約一年四カ月、今度は関東軍司令官として満洲へと赴く。平沼内閣が倒れ、代わって予備役陸軍大将の阿部信行に組閣の大命が降下したのとほぼ同時期である。「プロローグ」で紹介した、昭和天皇の発言「どうしても梅津か畑を大臣にするよ

うにしろ。たとえ陸軍の三長官が議を決して自分の所に持って来ても、自分にはこれを許す意思はない」は、この時のものだ（原田『西園寺公と政局』第八巻）。

昭和天皇の他にも、梅津の陸軍大臣就任を望んだ人物がいた。当時オランダ公使で元外務省東亜局長として日中戦争の早期和平に尽力した石射猪太郎である。石射の日記、昭和十四年九月八日には次のように記されている。

梅津美治郎氏関東軍司令官となる。此人《このひと》は陸軍大臣にし度《た》かった。

（石射猪太郎著、伊藤隆・劉傑編『石射猪太郎日記』）

派閥を作らなかった梅津は皮肉なことに、外部の、それも陸軍の手法に否定的な外交官に高く評価されたのである。

梅津の関東軍司令官就任はいささか異例なものだった。関東軍司令官は満洲事変以降、大中将の最古参を選ぶことになっていたが、梅津は実に二十数名の先輩を飛び越し、この重職に就いたのである（『最後の参謀総長梅津美治郎』）。つまり、順番で回ってきたのではなく、何らかの「理由」があったのだ。

その「理由」こそ、満洲の曠野《こうや》で日満軍とソ蒙軍が衝突し、激戦が展開されたノモンハン事件に他ならない。梅津は再び、「後始末」を任されたのである。

ノモンハンの「戦争」

ノモンハンでの衝突の始まりは、昭和十四（一九三九）年五月十二日、モンゴル人民共和国の軍隊が満洲との国境とされていたハルハ河を越え、これを日本の第二三師団が撃退したところから始まった。同地は以前からたびたび国境紛争が起こっており、問題の地域だった。

この衝突は次第に大きくなってしまったものの、陸軍中央は紛争を拡大させるつもりはなかった。参謀本部作戦班長有末次《ありすえやどる》中佐が作成した「ノモンハン国境事件処理要綱」の「方針」にも、次のようにある。


越境せる「ソ」蒙軍空地部隊を　国境内に於《お》ける弾力ある作戦行動に依《よ》り膺懲《ようちょう》し

事件を極限すべき関東軍の方針に信頼し　且《かつ》事件の推移に応じ関東軍の行動を規整しつつ彼の攻勢失敗に基《もとづ》く「ハルハ」河以北進出断念に依り事件の終結を期待す

（防衛庁防衛研修所戦史室『戦史叢書　関東軍〈1〉対ソ戦備・ノモンハン事件』）

この一時的な紛争は「第一次ノモンハン事件」と呼ばれる。規模が大きくなり、「日ソ戦」の様相を呈するのは「第二次」になってからのことだ。

ソ蒙軍側では六月中旬頃から兵力が増強され始め、日本と対峙するソ連軍の特別狙撃第五一軍団長がゲオルギー・ジューコフ中将へと交代した。ジューコフはのちに独ソ戦において大いに名を馳せた将軍であり、最終的には元帥となっている。

日本側でも関東軍が本格的に作戦に介入するようになる。特に辻政信《つじまさのぶ》少佐は積極的であり、次のように述べたという。

「傍若無人なソ蒙側の行動に対しては、初動の時期に痛撃を加える以外良策はない」

（同右）

そして双方の投入する兵力は大きくなり、結果として「事件」よりも「戦争」に近い規模の損害を出すことになる。ソ連軍は二万四〇〇〇人近い損害（戦死約八〇〇〇人）、日本軍も二万人近い損害（戦死約七三〇〇人）という膨大なものだった。かつて言われていた「日本軍の一方的な惨敗」ではないものの、大きな打撃を受けたことはまちがいない。

停戦協定は九月十五日、モスクワで締結された。この戦いの責任者として関東軍司令官植田謙吉《うえだけんきち》、参謀長磯谷廉介、第六軍司令官荻洲立兵《おぎすりゅうへい》、他にも服部卓四郎《はっとりたくしろう》や辻政信など、主に強硬だった作戦参謀たちが更迭された。中央でも参謀次長中島鉄蔵《なかじまてつぞう》、第一部長橋本群《はしもとぐん》、第二課長稲田正純《いなだまさずみ》といった統帥部の主要なポストの更迭も行なわれた。

そして植田に代わり、関東軍司令官兼満洲国駐劄《ちゅうさつ》特命全権大使に就任したのが梅津である。昭和十四（一九三九）年九月七日のことだ。

手綱を引き締める

関東軍の司令部も新たな陣容に替わった。参謀長に飯村穣《いいむらじょう》、参謀副長に遠藤三郎《えんどうさぶろう》、作戦課長に有末次らである。有末次は、兄の精三に「梅津司令官のご人格が万事を解決するだろう」と述べるなど、梅津に大きな期待をしていた（『最後の参謀総長梅津美治郎』）。

梅津が着任してすぐに行なったのは、「満ソ国境紛争処理要綱」の改正である。同要綱は、事件前の昭和十四（一九三九）年四月に制定されたもので、その「方針」として掲げられているものは、次のようなものだった。

一　軍は侵《おか》さず侵さしめざるを満洲防衛根本の基調之《これ》とすが為《ため》満「ソ」国境に於《お》ける「ソ」軍（外蒙軍を含む）の不法行為に対しては周到なる準備の下に徹底的に之を膺懲《ようちょう》し「ソ」軍を慴伏《しょうふく》せしめ其《そ》の野望を初動に於《おい》て封殺破砕す。

（防衛庁防衛研修所戦史室『戦史叢書　関東軍〈1〉対ソ戦備・ノモンハン事件』。以下、同書より）

そして「二」において、敵の不法行為に対しては「断固徹底的に膺懲することに依《よ》りてのみ事件の頻発又《また》は拡大を防止し得ることは『ソ』軍の特性と過去の実績とに徴《ちょう》し極めて明瞭なる所」と、その撃退を強く推奨している。

「三」においては、こちらから国境を侵さないと共に、敵が越境した場合はこれを殲滅《せんめつ》すべしと述べ、「右の目的を達成する為《ため》一時的に『ソ』領に進入し又は『ソ』兵を満領内に誘致停滞せしむる事を得」とソ連領内に攻め入ることすら容認している。

「七」では、「万一《まんいち》紛争を惹起《じやつき》せば任務に基《もとづ》き断固として積極果敢に行動し　其《そ》の結果生《しよう》ずべき事態の収拾処理に関しては　上級司令部に信倚《しんい》し意を安んじて唯《ただ》第一線現状に於《お》ける必勝に専念し万全を期す」とさらに強いものになっている。

「侵さず侵されず」という基本はあるものの、越境するソ連軍に対しては積極果敢な攻撃を求め、しかもソ連領内への侵攻や現場判断での動きを重視し、「あとのことは気にするな」とばかりに背中を押している。これでは、どんな些細な出来事でも、大規模な衝突に発展しかねない。

当時、関東軍第四課長だった片倉衷は、中央への意見具申のなかに「昭和十七年を期し、対ソ戦を開始するを要す」とあるのに気づき、幕僚会議で次のように発言した。

「戦争開始のごときは、みだりに出先軍司令官のなすべきことではなく、大本営の問題であり、憲法上の外交大権である。今日、支那事変は満二年を迎えんとし、その解決も容易ならず、兵備、国力を増強して、万一に処するの準備を期することは異存なきも、用語が適切ではない。ことに関東軍の使命は満洲国の国力の充実、建設の促進に鋭意邁進《まいしん》し、かつ北辺《ほくへん》の防衛を安固ならしめるに存し、自ら事《こと》を構え、もしくは刺激する方策、態度を執ることは策の得たるものではない」（片倉衷『回想の満洲国』）

この結果、何とかこの箇所は訂正されたという。当時の関東軍の雰囲気をうかがい知ることのできるエピソードである。

梅津による「満ソ国境紛争処理要綱」の改正は、おおまかに言えば国境の一部を除いていわゆる「緩衝地帯」を設けるというものだった。具体的には、満洲国の国境後方約二〇キロメートルに警備線を設定し、ソ連軍が国境を越えても、この警備線を侵さない限り武器の使用を禁止した（林三郎『関東軍と極東ソ連軍』）。まず紛争に至る可能性を劇的に減らしたのである。

満洲国での梅津

梅津のもとで参謀副長を務めた遠藤三郎少将は、昭和十四（一九三九）年九月の着任以来わずか半年ほどで転任となるが、しっかりと「成果」も残していた。その一つが、司令官外出の際の行列を簡素化したことだ。

従来関東軍司令官が公式外出の時の行列はなかなか仰々《ぎようぎよう》しいもので所謂《いわゆる》大名行列とでも申しましょうか。満洲国皇帝の鹵簿《ろぼ》〔行幸の列〕を凌《しの》ぐ様な派手なものでありました。軍司令官は皇帝よりも偉い存在であることを民衆に誇示したかったのかも知れませんが、幸い梅津大将が軍司令官になられてから「沐猴《もつこう》が冠しても内容が空虚では誰も心から尊敬はしない」と理解を示して下さいましたので爾来《じらい》簡素にすることになり、従来虎の威を借りて威張り散らしておった日本軍人や日系人によい戒《いまし》めとなったと思っています。

（遠藤三郎『日中十五年戦争と私』）

遠藤が進言した一見小さな「改革」ではあるが、梅津が同様の考えを持っていたことはその発言からもうかがえる。いかに威厳を取り繕《つくろ》っても、内容空疎では尊敬は得られないというのは、虚飾を嫌った梅津らしい。

遠藤が「虎の威を借る」と言っているように、関東軍の満洲国に対する影響力は絶大なものがあった。第四課という部局を通じて「内面指導」を行なっていたのである。

しかし、その介入を過大視させるような証言が戦後出てきたのも否《いな》めない。その張本人は他ならぬ満洲国皇帝の溥儀である。溥儀は御用係の吉岡安直《よしおかやすなお》少将を通じ、梅津から建国《けんこく》神廟《しんびょう》（満洲国建国の神とされた天照大神《あまてらすおおみかみ》を祀《まつ》る施設）について強制されたと記述している。

日本の宗教はとりもなおさず満州の宗教である。私は日本皇族の祖先「天照大神」を迎えて国教とすべきだとい

大使として

関東軍司令官兼満洲国駐箚特命全権大使時代の梅津。1列左から星野直樹（満洲国国務院総務長官）、遠藤三郎陸軍少将（関東軍参謀副長）、熙洽（満洲国宮内府大臣）、梅津、溥儀（満洲国皇帝）、張景恵（満洲国国務総理大臣）、田結穣海軍少将（在満大使館附武官）、張海鵬（満洲国侍従武官長）、三浦武美（在満大使館書記官）　（梅津家所蔵）

うのである。また、今はちょうど日本の神武《じんむ》天皇紀元二千六百年の大慶事に当たっている、大神を迎える絶好の機会だ、私がみずから日本へお祝いに行き、同時にこのことをとり決めるべきだ、とも言った。（愛新覚羅・溥儀著、小野忍・野原四郎・新島淳良・丸山昇訳『わが半生　下』）

溥儀は、梅津から「日本の神」を満洲でも祀るよう強制されたと言っているのである。しかし、彼は東京裁判ではソ連側証人として出廷し、保身のために責任逃れの証言をした。この自伝もまた中国共産党時代に書かれたもので、当然ながら日本を擁護するようなことは書かれていない。

実際、当時満洲国の日系官吏（国務院経済部次長）古海忠之《ふるみただゆき》は溥儀の証言を「虚偽であることは言うまでもない」「作為的発言であり記述と思う以外にない」と否定している（古海忠之『忘れえぬ満洲国』）。いくら関東軍の権限が大きいからといって、満洲国で行なわれたすべてを日本側の強制とするのは、言い過ぎというものだろう。

いっぽう、梅津の手腕に期待をかける日系官吏もいた。のちに東條英機内閣で書記官長（現官房長官）を務める星野直樹《ほしのなおき》（総務長官）は昭和十五（一九四〇）年一月、原田熊雄に対して次のように話している。

また満洲の現状については、やはり梅津が一番しっかりしていて、将来陸軍を建て直すには、梅津の力を借りなければならない時期が必ず来る、というように考えておった。そうして一年なり二年なり後には梅津が中央に帰って、梅津によって陸軍の整頓をすることが必要だから、その前に梅津に疵《きず》をつけたくない、というように彼は話しておった。

（原田『西園寺公と政局』第八巻）

星野は、梅津を「切り札」として温存しておきたかったというのである。

プライベートで部屋を設計⁉

個人としての梅津には意外な一面もあった。東條英機側近であり、職務上、何度か梅津と折衝経験のある冨永恭次《とみながきょうじ》（のち中将、陸軍次官）は、次のような回想を残している。

尚《なお》建築学に通じて居《い》た。関東軍司令官として着任するや、堂々たる司令官室に更《さら》に「サンルーム」を新たに設け、三宅坂にあった（吉田〔茂〕元総理の家の隣）陸軍次官官舎は梅津さんの設計に成り、梅津さんの（日曜毎《ごと》に）監督によって出来たものである。

（冨永恭次「冨永恭次回想録　その二」）

どこで身につけたのかは不明だが、梅津は建築設計の素養もあったらしい。司令官邸のサンルームについては、梅津と同郷で民間人でありながらもっとも親しい人物の一人である江上二良《えがみじろう》も「官邸と私邸との境《さか》い目に、梅津さんの設計になるサンルーム」と記述していることから、まちがいないだろう。江上はよく梅津の邸宅に招かれ、夕食などを共にしていた。時間はいつも午後六時。江上はある時の相伴《しょうばん》について次のように記している。

六時に行きますと、まずサンルームに通り、招《よ》んでいただいたお礼やら二、三雑談を交《か》わしながらながら日本茶一杯を喫《きっ》し、おわる頃には、お支度《したく》が出来ましたとウラ女の案内につれて、私邸一階日本間にしつらえた食卓に相対することになるのです。(中略)食後は、またもとのサンルームに戻って、ウラ女の点前で和菓子であったり、二階の寝室日本間に隣り合わせた洋式の書斎で、コーヒーやケーキのこともあり、いずれも充分注意のとどいたものでした。

(『最後の参謀総長梅津美治郎』)

私服でくつろぐ

上／昭和9(1934)年8月、北平(現北京)の玉泉山にて。下／昭和15(1940)年頃、長女の美代子(左から2人目)らと　(梅津家所蔵)

梅津にとって、自分が設計して増築したサンルームは数少ない心安らげる場所だったのかもしれない。対ソ防衛の最前線、精鋭関東軍の統率者として、表面には出さなくてもそのストレスは相当なものだったのだろう。軍外の人間と、お気に入りの場所で過ごす一時《ひととき》に、ささやかな安息を見出していたのだろう。

戦争への道

前述したように、梅津が関東軍司令官になるのとほぼ同時に、首相の座は平沼騏一郎から予備役陸軍大将の阿部信行に移った。その阿部内閣も五カ月足らずで崩壊した。続く海軍大将米内光政も最終的に陸軍の反発を買って半年あまりで総辞職するという、非常に不安定な政治状況が続いた。

そして再び、人々の期待を担う形で近衛文麿が登場する。昭和十五（一九四〇）年七月二十二日、第二次近衛内閣の成立である。前年、アメリカはすでに日米通商航海条約の破棄を通告しており、日本と英米の関係は悪くなるいっぽうだった。近衛は関係改善を目指して努力を続けたが、外務大臣の松岡洋右《まつおかようすけ》と対立する。

昭和十六（一九四一）年四月十八日、日米間の関係改善を目的とした「日米諒解案」がアメリカから野村吉三郎《のむらきちさぶろう》駐米大使を通じて届けられた。この案は、もともと日米の民間人の間で始まった交渉がもとになっており、陸軍大臣の東條英機も原則的には賛成していた。

しかし、肝心《かんじん》の松岡外相は最後まで納得せず、承諾の返事を迫る政府や統帥部に対し「そんな弱いことに同意はできないのである」と突き放す始末だった（川田稔編『近衛文麿と日米開戦』）。

近衛や陸海軍と松岡の溝《みぞ》は結局埋まらず、閣僚の罷免ができない首相としては、松岡を辞めさせるためだけに一度総辞職するしかなかった。総辞職と同日に大命は三度近衛に下り、昭和十六（一九四一）年七月十八日、第三次近衛内閣が発足した。外務大臣は予備役海軍大将の豊田貞次郎《とよだていじろう》が就任し、陸海軍大臣は替わらず、再度日米交渉に乗り出すことになった。

松岡が第二次近衛内閣時代に推し進めたのが、日独伊三国同盟（昭和十五〔一九四〇〕年九月）と日ソ中立条約（昭和十六〔一九四一〕年四月）である。しかし日ソ中立条約が結ばれてわずか二カ月後、ドイツはソ連に宣戦を布告する。
ここにきて日ソ中立条約を結んだ張本人である松岡は、とたんに「対ソ攻撃」論者に早変わりする。同年六月二十五日、松岡は大本営政府連絡懇談会で次のように述べた。

独〔ドイツ〕が勝ち、「ソ」を処分するとき、何もせずに取ると云《い》う事は不可。血を流すか、外交をやらねばならぬ。而《しか》して血を流すのが一番宜《よろ》しい。「ソ」を処分するとき日本が何を望むかが問題なり。独も日本は何をするかどうかと考えて居《い》るだろう。「シベリヤ」の敵が西へ行ってもやらぬのか牽制位《くらい》はやらねばならぬではないか。

（参謀本部編『杉山メモ〔上〕』）

松岡の変わり身の早さが周囲を混乱させたことは想像に難くないが、独ソ開戦に影響を受けたのは彼だけではなかった。陸軍でも「南進か北進か」で議論がなされ、北進つまり対ソ開戦に大きく舵《かじ》を切るような動きが出てきたのである。
こうした中央の動きに対し、国境を接してソ連軍と直面する梅津もまた、大きく関係すうようになる。これらの動きに先立つ前年の昭和十五（一九四〇）年八月、梅津はとうとう陸軍大将となる。

北進論の台頭

陸軍では昭和十六（一九四一）年五月十三日、独ソが「開戦必至」であるとの電報を駐独大使大島浩《おおしまひろし》（予備役陸軍中将）より受けていた。にもかかわらず、十五日に開かれた参謀本部部長会議では「独『ソ』遽《にわ》かに開戦せざるべし」と判断を下している（軍事史学会編『大本営陸軍部戦争指導班　機密戦争日誌　新装版』上。以下、『機密戦争日誌』）。

六月二日には、参謀本部第一部長の田中新一が対ソ戦備視察のため、満洲へ赴いた。しかしノモンハン以後に行なわれた戦備の充実はうまく進んでいなかったようで、田中は関東軍の準備が「対ソ互角の程度に達していない」との判断を下す（防衛庁防衛研修所戦史室『戦史叢書　大本営陸軍部〈2〉昭和十六年十二月まで』）。

しかし、六月六日になると大島大使がヒトラーやリッベントロップ外相から得た情報として「開戦概《おおむ》ね確実」の電報が届く。田中は急遽《きゅうきょ》六月八日に帰国し、翌日に開かれた部長会議で持論を展開した。

第一部長は北方解決の意強し　梅津［美治郎］関東軍司令官の意図相当に反映しありと聞く。

（軍事史学会『機密戦争日誌』上）

田中は関東軍の現在の実力ではソ連軍に対抗できないと判断を下したにもかかわらず、北方解決、つまり独ソ開戦の場合には対ソ武力行使を主張している。その主張には梅津の意図が強く反映されていたとある。ノモンハン事件の教訓から関東軍の手綱を任され、「国境紛争処理要綱」の改正を行なった梅津が、なぜ対ソ強硬論を持つに至ったのだろうか。

注意しなければならないのは、右の参謀本部戦争指導班の記述が、「と聞く」と書かれているように、伝聞にすぎないということだ。

独ソ開戦は部長会議のおよそ二週間後、梅津は参謀らを連れて巡視に出ていた。関東軍本部で参謀部第二課の情報主任参謀甲谷悦雄《こうたにえつお》は、梅津に代わって独ソ開戦の報告を受ける。
甲谷は至急梅津らに連絡し、関東軍としての情勢判断の起案にかかった。
一、ドイツ軍の対ソ攻勢は、ドイツ軍首脳が考えるように短期間に決定的勝利を得ることはむつかしい。長期戦になるおそれがある。
二、関東軍がいま軽率にソ連攻撃を開始して、日・ソ開戦に導くことは、中立条約の義務に違反するばかりでなく、対ソ開戦の大義名分がない。
三、中国の戦場に日本軍主力が投入されている今日、関東軍の現有戦力だけでは、極東ソ連軍にたいする速戦即決はむつかしい。結局中、ソ、英、米を敵として、戦わなければならなくなるおそれがある。
四、したがって関東軍は、ソ連からの万一の挑戦に備えて、ひそかに応急戦備を整える一方、対ソ刺激を避けて慎重に行動しつつ、厳重にソ連側の動きを監視する必要がある。
五、ドイツ側がいうように、もし短期間の打撃でソ連が内部的に崩壊するなら、その時期になって極東ソ連領を処理しても遅くはない。

(『最後の参謀総長梅津美治郎』中の甲谷手記)

甲谷は、これらの情勢判断を一心に書き上げると翌朝、梅津のもとへ持っていった。

あの広い軍司令官室の机に坐《すわ》っておられる軍司令官に、私は情勢判断の案を差し出して決済を仰《あお》いだ。大きな机の上には、赤鉛筆がただ一本置いてある。私は、軍司令官がどのような意図を示されるかと、二、三歩さがって非常に緊張して決済を待ったが、軍司令官は一言も発せられず一度熟読された後、もう一度黙って読み直され、そのまま静かに赤鉛筆をとって丁寧に花押《かおう》をされて、はじめてただ一言「重要な判断であるから、急いで大本営にとどけるように」と命ぜられた。私が起案した情勢判断が、そのまま梅津軍司令官の情勢判断になったのである。私は、からだ中が引きしまる思いだった。

(同右)

梅津は甲谷起案の情勢判断をそのまま受け入れたが、自分の判断として決裁したのである。この情勢判断はソ連がドイツに簡単に屈服するという見方に疑問を抱き、また中立条約の精神からして対ソ開戦にかなり慎重な意見であった。こちらは伝聞ではなく、当時直接接した参謀の回想である。

しかし、梅津の意図とは関係なく、ドイツの快進撃に刺激を受けた参謀本部は北進論に傾き、空前の大動員が行なわれようとしていた。

関東軍特種演習

参謀本部第一部長の田中新一は、熱心な対ソ開戦論者だった。ただ、陸軍部内には北方よりも南方進出を希望するものもおり、また海軍は北方への進出には乗り気ではなかった。

しかし昭和十六（一九四一）年六月三十日、ドイツから駐日大使館を通じ、とうとう正式な参戦要請が届くようになる。そのなかでドイツは、次のように参戦を促している。

事件は急速に終熄《しゅうそく》すべきものと期待せらるるに鑑《かんが》み、日本は躊躇《ちゅうちょ》せず対ソ軍事行動を起《おこ》す決定を行うべきなり。ソ連邦がすでに一敗地に塗《まみ》れたる後、日本が行動を起すことは日本の道義的並びに政治的地位を著《いちじる》しく害すべし。

（日本国際政治学会太平洋戦争原因研究部編『太平洋戦争への道　開戦外交史　第五巻　三国同盟・日ソ中立条約』）

こうしたドイツ側からの要請もあり、七月二日御前会議が開かれ、「情勢の推移に伴う帝国国策要綱」が決定された。しかし、その内容は松岡洋右外相や参謀本部の望むものではなかった。「第二　要領」の「三」には次のような文言がある。

独「ソ」戦に対しては三国枢軸の精神を基調とするも暫《しばら》く之《これ》に介入することなく密《ひそ》かに対「ソ」武力的準備を整え自主的に対処す。此《こ》の間固《もと》より周密なる用意を以《もっ》て外交交渉を行う。独「ソ」戦争の推移、帝国の為《ため》有利に進展せば武力を行使して北方問題を解決し北辺の安定を確保す。

（参謀本部『杉山メモ［上］』）

こうして、早期の武力行使は見送られることになった。しかし、「有利に進展せば」、つまり好機があればこれに乗ずるべく、大規模な動員も行なわれることになった。それこそが「関東軍特種演習」、通称「関特演《かんとくえん》」と呼ばれるものだった。

参謀本部ではドイツとの戦争でソ連が苦境に陥り、極東から約半分の兵力を転用した時こそが、北方問題解決の時、と見ていた（日本国際政治学会太平洋戦争原因研究部『太平洋戦争への道 開戦外交史 第五巻 三国同盟・日ソ中立条約』）。極東のソ連軍は狙撃師団約三〇、飛行機約二八〇〇などと考えられており、関東軍の師団一二、飛行機八〇〇では劣勢と見られていたのである。これを補《おぎな》うためにソ連軍の半減と関東軍の増強を行ない、開戦の決意は八月十日に下され、作戦は十月中旬までに終了する予定だった（同書）。

もし実施されていたなら、関東軍司令官として梅津は大軍を率いてソ連領になだれ込んでいたかもしれない。しかし、その時はついに来なかったのである。

関特演には日本内地から二個師団を送り、在満鮮の師団を戦時定数（平時は戦時の約半数）にし、最終的に三五万人の関東軍を八五万人まで増加させる計画だった。

しかし、事《こと》は容易に進まなかった。極東ソ連軍は思ったほど減らず、参謀本部が望んだ

「好機」はなかなか訪れなかったのである。

なかには、ソ連軍の弱体化を待たず即座に攻撃すべし、という意見もあった。弱体化を狙って攻め込むのを「柿が熟《う》れて落ちるのを待つ」ことから「熟柿《じゆくし》主義（戦略）」と呼んだのに対し、「渋《しぶ》くても棒で叩き落とす」ことから「渋柿《じゆうし》主義（戦略）」などと呼ばれた。

この意見の持ち主には、たとえば参謀本部第二課（作戦）の若手参謀である高山信武《たかやましのぶ》少佐がいた。高山は、新しく二課の戦力班長となった辻政信に即時北進への協力を訴えた。


「関特演は発動されたが、北攻の決断が下されないまま現在に至っています。このまま推移すると、本年中におけるソ連の攻略は困難ではないかと懸念《けねん》されます。今や一日の猶余もありません。今にして決断を怠《おこた》れば、百年の悔《くい》を残します。辻班長の格別なるご配慮、ご協力をお願いします」

（高山信武『服部卓四郎と辻政信』）


しかし、辻の返事は高山が期待していたものではなかった。

「もう遅いよ。今から大命を下達しても、関東軍の全兵団が動くのは恐らく八月下旬以降となるであろう。十一月末には、北満以北における作戦行動は至難となる。越冬の準備も並大抵《なみたいてい》ではない。独ソ戦の現状からみても熟柿状態とは思えない。七月早々決断していればまだしも、今となっては手の下しようもない」（同右）

「北方解決」の好機がなかなか訪れないまま、アメリカとの関係は悪化していった。昭和十六（一九四一）年七月、日本が南部仏印（フランス領インドシナ南部、現ベトナム南部）に進駐すると、在米の日本資産は凍結され、イギリスやオランダもこれに続いた。さらに石油の全面禁輸が行なわれると、いよいよ日本の行き先は南方資源地帯とならざるを得なかった。七月二十九日の参謀本部戦争指導班の日記には、次のようにある。

独「ソ」戦況動かず遂《つい》に本年武力解決の秋《とき》なしか「ヒットラー」は誤《あやま》てるや否《いな》や。

（軍事史学会『機密戦争日誌』上）

独ソ戦の膠着《こうちやく》と対米英関係の悪化により、対ソ開戦論が退けられていったことがよくわかる。そして八月九日になると「独ソ戦争の推移に関わらず」、昭和十六年度内の「北方解決」方針を放棄し、南方問題へ取り組むことが決定された（服部卓四郎『大東亜戦争全史』）。

関東軍は動かず

「渋柿主義」によるソ連への攻撃は放棄されたものの、満洲には膨大な兵力と物資がすでに送り込まれていた。具体的には、食料はもとから備蓄されていた一六個師団二カ月分に加えて約一八個師団二カ月分、自動車燃料は五万キロリットルに加えて八万キロリットル、対戦車攻撃兵器は内地のほぼすべて（速射砲約四〇〇門）、鉄道軌条（レール）一五〇キロメートルなど（防衛庁防衛研修所戦史室『戦史叢書　関東軍〈2〉関特演・終戦時の対ソ戦』）。

しかし、これだけの人員や物資を運ぶとなれば、どれだけ秘匿しようとも完全に隠しきることは難しい。実際、関東軍でもこれらの準備をソ連側が「日本軍の攻撃準備」と見なし、先制攻撃されるのではないか、と心配していた。

たとえば、昭和十六（一九四一）年八月二日夜、ソ連側に無線封止の兆候があった。これは攻撃の前触れである可能性もあり、関東軍はその対処について参謀本部に許可を求めている。

敵の大挙空襲の場合ある時は中央に連絡するも好機を失する時は独断進攻すべきことあるを予期す　予《あらかじ》め承認を乞《こ》う。

（軍事史学会『機密戦争日誌』上）

つまり、敵の襲撃に際していちいち中央の許可を待っていると手遅れになってしまうから、その際は独断で敵を攻める許可が欲しい、ということだ。梅津は独断専行はしないものの、緊急時の対応についてあらかじめ許可を求めたのである。これに対して、参謀総長の杉山元は「国境内に反撃を止《とど》むる事を原則とす」と返電した（同右）。

結局、無線封止ではなく単なる自然現象による電波の途絶だったのだが、こちら（日本側）が攻め込む計画を立てているので、向こう（ソ連側）の動きに対しても敏感になっていたわけだ。

一時は積極的な反攻を中央に求めた梅津だが、もちろんソ連軍との衝突を画策したり好機をうかがうようなことはしなかった。梅津が関東軍の手綱をしっかり握っていたことは、その行動からも読み取れる。

昭和十六（一九四一）年七月から関東軍参謀副長を務めた綾部橘樹《あやべきつじゅ》は、梅津が頻繁に現地視察をした様子を次のように記している。

梅津大将の軍隊視察は行事表に見るごときわめて頻繁で日数も長いのであるが、その視察は決して通り一遍《いっぺん》のものではなく、朝早くからしばしば夜暗に及び、第一線国境においては必ず監視所を視察し、日夜不断の偵察監視に任じている将兵の労をねぎらい、また一地区の視察を終わった夜は必ず将校一同と会食を催《もよお》すことを常《つね》とされた。官邸では夕食時冷酒コップ一杯を過ごすことのなかった大将も、第一線将校との会食においては若い将校のテーブルを巡《めぐ》って大いに飲み十分に歓《かん》を尽くされた。第一線の将校の志気は大いに昂《あが》った。

（『最後の参謀総長梅津美治郎』）

梅津は親分子分の関係を作ることはしなかったが、前線将兵への心遣《こころづか》いは忘れなかった。何より将兵をねぎらい、時には酒を酌《く》み交《か》わして信頼感を醸成することで、その統率にも益することが多かっただろう。そして梅津は五年におよぶ軍司令官在任中、ついに一度も国境紛争を起こさせなかった。歴史において「何かを行なった（起こした）」功績（あるいは失敗）は記録されやすいが、「何かを起こさせなかった」ことは目立たず、忘れられてしまうことが多い。しかし、それも大きな功績であろう。

梅津は関東軍を統御し、まちがいを起こさせなかったことで陸軍の期待に応《こた》えた。梅津への信頼は、五年間という異例の長期間関東軍司令官を任されたことでも証明されている。その間、日本は国家の命運をかけた戦争への道を踏み出そうとしていた。

日米開戦への冷めた目

第三次近衛内閣は、前述のように松岡洋右を追い出す形で昭和十六（一九四一）年七月十八日に成立したものの、日米交渉は進まなかった。中国から撤兵すれば交渉妥結の見込みあり、とする豊田貞次郎外相に対し、前内閣から留任している東條英機陸相は「駐兵問題は陸軍としては一歩も譲れない」として応じず（参謀本部『杉山メモ［上］』）、日米交渉は行き詰まった。そして十月十六日、内閣は総辞職する。

翌日、大命降下したのは、意外にも東條だった。東條は組閣後、平和を望む昭和天皇の意を受けて、今度は自分が陸軍と折衝し、何とか戦争回避の方向に持っていこうとした。しかし、結局は折り合いがつかず、とうとう十二月八日になってアメリカ・イギリス・オランダとの開戦のやむなきに至る。

梅津は、日本が太平洋戦争に突入した知らせを新京《しんきょう》（満洲国の首都、現吉林《きつりん》省長春《ちょうしゅん》市）の関東軍本部で受けた。彼は気を許す数少ない部下の一人、田村義富《たむらよしとみ》第一課長を呼び出し、次のように尋ねた。

「この戦争はどうなるだろうか」と質問して見たところ、田村大佐は即座に「この戦争は勝ち目がないように思います」と答えたところ、梅津大将は「自分もそのように思う」と云《い》って田村大佐の意見に同意された。これは、平素から欧州の戦局や世界情勢、なかんずく米英の戦争遂行能力とわが国力との比較等から、どうしてもわが国に勝目がないと思っていたので、この考えを他の人によって確かめて見たかったのであろう。

(『最後の参謀総長梅津美治郎』)

関東軍総司令官

昭和17(1942)年12月、マイクの前で

(梅津家所蔵)

緒戦の大勝利に沸《わ》く周囲をよそに、梅津は冷静に見ていたのである。梅津の観察力や識見については、非常に高く評価している人物が他にもいた。当時、支那派遣軍隷下の第十一軍司令官だった阿南惟幾である。阿南は、開戦を間近に控えた十一月二十八日の日記に、次のように記している。

朝、岡村〔寧次・北支那方面軍司令官〕大将と語り、皇軍本来の姿に還元せんが為《ため》には、梅津大将の陸相就任を可とすと論ず。東条〔英機・首相兼陸相〕、果《はた》して之《これ》を容《い》るゝや否《いな》や。杉山〔元・参謀総長〕、山田《やまだ》〔乙三《おとぞう》・教育総監〕両大将、頼りにならず。嘆ずべきかな。

（阿南惟幾「秘 従軍日誌 日支事変（大東亜戦争）三」）

阿南は、「皇軍本来の姿に還元」するには、杉山や山田では物足りなく、同郷の先輩である梅津こそ、その任に相応《ふさわ》しい人物と考えていたのだ。星野直樹の観察と通じるものがある。しかし数年後、阿南が期待した梅津ばかりか、自分までもが陸軍の幕引きのために中央に呼び返されることになるとは、さすがに想像もしなかったであろう。

梅津の予想したごとく、当初順調だった日本軍はやがて大きくつまずき、そこから勢いを失っていった。

戦況悪化

ハワイ真珠湾《しんじゅわん》、マレー、シンガポール、インドネシア、フィリピン、すべてとは言わないまでも、日本軍による米英の南方要域攻略はきわめて順調に進んだ。

しかし、開戦から半年ほど経った昭和十七（一九四二）年六月、連合艦隊はミッドウェー海戦において大敗を喫する。主力空母と航空機および搭乗員の喪失は、攻勢から守勢への転換とも言えた。

さらにガダルカナル島をめぐる攻防戦では、制空権を敵に奪われた孤島の劣悪な環境下、悲惨な戦闘が行なわれた。日本軍は結果的に補給の続かない戦力を逐次投入することになり、陸軍だけで戦死約八二〇〇人、戦病死約一万一〇〇〇人という膨大な損害を出し（児島襄『太平洋戦争（上）』）、昭和十八（一九四三）年二月に同島から撤退した。

このガ島をめぐる攻防戦では島をあきらめて撤退するか、それともさらに人員・物量を投入して奪回を目指すかで陸軍でも意見が分かれ、奪回にこだわった参謀本部第一部（作戦）の田中新一部長が更迭される騒ぎにまでなった（詳細は拙著『一九四四年の東條英機』参照）。

そして、悪化する戦況は関東軍にも影響をおよぼした。ガダルカナル島を放棄してからまもなく、長く連合艦隊司令長官として海軍の顔でもあった山本五十六大将が戦死する。

アリューシャン方面では山崎保代《やまざきやすよ》大佐に率いられた守備隊が玉砕《ぎょくさい》。陸軍も「守り」に入らねばならなかった以上、各地に防衛力を振り向ける必要性が生じた。こうした兵力の補充元として選ばれたのが、関東軍である。

本格的な兵力の転用は昭和十八年の秋から始まった。梅津および総参謀長笠原幸雄《かさはらゆきお》中将の方針は、次のようなものだった。

「関東軍がいかに厳然としていても、大東亜戦争がういまくいかなければ、元も子もなくなる。東京（中央部）も兵力のやりくりには随分《ずいぶん》困っているようだ。もし、大本営から兵力抽出転用の命令があったなら、何はおいてもその要求には応じてあげねばならぬ」

（草地貞吾「支那総軍と関東軍　わが想い出の将帥」）

関東軍作戦班長として着任まもない草地貞吾《くさちていご》中佐は、こうした梅津らの理解があったおかげで、仕事は「いたってやりやすかった」という。ちなみに、草地によれば梅津は揮毫《きごう》の依頼などにほとんど応じることはなく、「軍司令官は文字を書くために存在せず」を信念としていたらしい（同右）。軍務一本槍の、いかにも梅津らしい逸話と言えよう。

　ともあれ、このようなこと（兵力の転出）を続けていれば、当然ながら関東軍の戦力は低下する。梅津が大局的な観点から兵力の転用を許可した結果、「アッという間に」戦力は低下した（松村知勝『関東軍参謀副長の手記』）。具体的には第一方面軍司令部、第二軍司令部などが転用され、翌昭和十九（一九四四）年に入ると、第二七師団、第一四師団、第二九師団などがどんどん引き抜かれていった。「精強無比」を誇る関東軍は、徐々にその実力を低下させていったのである。

　それは「兵士の数」だけにとどまらなかった。五年の長きにおよんで北辺の国境を守り、「侵さず侵されず」の原則を守り抜いた梅津もまた、中央に呼び戻されることになったのである。南方での戦いを有利に進めるために「北の守り」として絶大な信頼感を持たれていた梅津だが、もはや戦況は「祖国をいかに守るか」という段階まで来ていたのである。

第四章

最後の参謀総長

——最後の後始末、終戦

昭和天皇の意思

昭和十九（一九四四）年七月二十二日、太平洋戦争開戦直前から指導者の任にあたっていた総理大臣東條英機が辞任した。

東條はミッドウェー海戦の敗北やガダルカナル島の放棄以降、何とか戦勢を立て直そうとした。そのために史上例を見ない「陸軍大臣と参謀総長の兼任」を強行し、統帥と軍政の統一を試みた。しかし辣腕《らつわん》軍官僚である東條をもってしても兼職は失敗し、権力の集中と厳しい統制に批判は高まるばかりだった。そして「絶対国防圏」としてサイパン島の失陥と、挽回を図った内閣改造に失敗したことから、辞職に至ったのである（辞職経緯については拙著『一九四四年の東條英機』参照）。

東條は総理大臣を辞職する数日前、評判の悪くなっていた参謀総長の兼任をやめている。後任の参謀総長に選ばれたのが梅津である。梅津の就任は、誰あろう昭和天皇その人の意思に他ならなかった。昭和天皇は戦後、次のように回想している。

始め東條は後宮〔淳〕を推薦した、之《これ》に先〔だ〕って東条は参謀総長は誰にするかを、元帥（閑院宮載仁親王）に諮《はか》った処《ところ》、元帥は皇族を持ってくる事は絶対に良くないと云《い》う事であった相《そう》だ。私は東条が後宮を推薦した時に、東条に対し、元帥の意見も尤《もつと》もだが、もっと大物を出せという意見は出なかったかと質問した、そして東条が退下した後、これと入れ違いに後宮を参謀総長にする上奏書が来たので裁可した。

東条は私の意中を察したらしい、それで私が已《すで》に裁可したにも不拘《かかわらず》後宮を参謀総長にする上奏書の取消を上奏した後、梅津を推薦した。

（寺崎英成、マリコ・テラサキ・ミラー編著『昭和天皇独白録　寺崎英成・御用掛日記』）

昭和天皇が直接「梅津がよい」と言っているわけではないが、東條に再考を促すようにして、そこから東條は昭和天皇の意中を察して梅津を推薦している。また、内大臣の木戸幸一が前年（昭和十八年）に近衛文麿から送られた書簡には梅津のことを「御上《おかみ》に於《お》かせられても御信任深しと承《うけたま》わる」（木戸日記研究会編『木戸幸一関係文書』）とあるように、昭和天皇の梅津への信頼は相当なものがあったようだ。

その信頼のもとは、やはり二・二六事件当時の梅津の断固たる態度にあると見てよいだろう。梅津の参謀総長就任は参謀本部の一致した意見でもあったが、やはり「御信任」の力が大きかったと思われる（柴田紳一「参謀総長梅津美治郎と終戦」）。

梅津の参謀総長就任を喜んだ人物は他にもいる。第二方面軍司令官としてセレベス島にいた阿南惟幾である。阿南は、梅津が新しく参謀総長となり、梅津の後任（関東軍司令官）に山田乙三、教育総監に杉山元が就任した人事について、次のように記している。

梅津大将の栄転は誠《まこと》に皇国勝利、時局拾収《ママ》のため慶賀に不堪《たえざる》も、山田、杉山両大将の新職務は共に妥当を欠くこと大《だい》なり。共に其《そ》の任にあらず。

（阿南惟幾「大東亜戦争　濠北日誌(二)」）

阿南の信頼・評価は梅津のみに向けられ、杉山と山田には向けられていない。阿南には、梅津は「皇国勝利」の切り札的存在であり、来るべき事態の収拾に欠くべからざる人物と映っていたのである。

「また後始末だよ」

参謀総長と言えば統帥のトップであり（海軍は軍令部総長）、陸軍屈指の栄職である。本来なら、身に余る光栄として受けるだろう。しかし、梅津の場合、そう簡単に割り切るわけにはいかなかった。当時、関東軍参謀副長だった池田純久によれば、昭和十九（一九四四）年七月十七日に東京からの電話で参謀総長就任を要請された梅津は、次のように語ったという。

軍刀と共に

（梅津家所蔵）

「予《よ》は対米戦争に当初から反対であったから、その参謀総長に就任することは本意ではない。その上既《すで》に戦は我に不利である。今更《いまさら》参謀総長として施《ほどこ》すべき術《すべ》もないであろうから、参謀総長になることは望まぬ。何とか辞退することは出来ぬだろうか」（中略）「戦局は我に不利である。この戦争を成《な》るべく早く終結する必要がある。それには外交その他の手を打たねばなるまい」
（外務省編『終戦史録』1内の「池田純久供述書」）

明らかに戦局不利なこの状況で、参謀総長という「軍のトップ」に立つことは、平時とは比べものにならない責任を負うことを意味する。梅津ならずとも辞退したくなるだろう。

いっぽうで、梅津はこの要請を断わりきれないことも自覚していたようだ。だから、戦争の一刻も早い終結の必要性を感じ、「外交その他の手」を打つことに言及している。

結局、梅津はこの要請を受け入れることになる。新京から東京まで随行した草地貞吾によれば、次のようなスケジュールだったようだ。梅津は七月十八日午後八時半頃に陸相官邸へ入ると、東條英機と要談。翌日はお召《め》しにより参内、関東軍司令官として果たした役割をねぎらわれ、宮中を出た（草地は参内拝謁を十九日としているが、『木戸幸一日記』と『機密戦争日誌』によれば梅津は十八日に参謀総長に親補《しんぽ》されている）。そして草地に最後の別れの言葉を述べる。

「いろいろお世話になったのう。これからは中央も大変だし、関東軍もますます多事となろう。あまり急であったので、皆にこれというあいさつもできなかったが、よろしく伝えてくれ（後略）」

（草地「支那総軍と関東軍　わが想い出の将帥」）

職務とはいえ、さすがに五年間も過ごした満洲の地を離れるのは梅津にとっても感慨深いものがあったのだろう。そして今度は、戦局悪化著しい陸軍の総指揮を執らねばならない。万感胸に迫っただろうことは、容易に察せられる。

かくして梅津は、息子に「また後始末だよ」と嘆息せざるを得ない、しかし大日本帝国最後の参謀総長として「日本の後始末」をつけるべく、斜陽の陸軍中央へと舞い戻ってきたのである。

「梅津を首相に」

梅津が参謀総長となってからまず最初にやらなければならなかったのは、陸軍大臣の人事についてであった。前内閣、すなわち東條内閣では全期間を通じて東條英機が首相と陸相を兼ねており、最終的には参謀総長まで兼ねた。

その結果、東條への非難は強くなり、参謀総長は五カ月ほどで梅津に譲る形となり、そのまま昭和十九（一九四四）年七月十八日の閣議において東條内閣の総辞職を述べ、首相経験者・枢密院議長・内大臣が出席する重臣会議にて次期総理を小磯国昭《こいそくにあき》朝鮮総督（予備役陸軍大将）にすることが決まった。

しかし、ここで一つ問題が起こった。陸軍大臣を誰にするか、である。小磯が次期総理と決まった同日、昭和天皇によるお召しを受けた内大臣木戸幸一は、「陸相には結局東條が居据《いすわ》ると云うことになるにあらざるかと思うが如何」と心配され、木戸もまた「政治情勢より見るときは却《かえ》って面白《おもしろ》からざることとなる虞《おそれ》ある旨」を述べている（木戸『木戸幸一日記』下巻）。

昭和天皇個人は東條を嫌っていたわけではないが、重臣や閣僚との軋轢《あつれき》、またその他周囲の評判の悪化を考えると、東條が陸相として残ることで一波乱起きるかもしれない、という恐れもあったのだろう。

　実際、東條には留任する気配も感じられた。大命降下直後の小磯は、東條に「大命奉持者としてでなく、一個の小磯として一個の東条に忠告するが、留任すると云う様なことは、貴様《きさま》の為《ため》にならんぞ」と釘《くぎ》を刺したところ、東條は「暫《しばら》く無言」ののち、「自分だけでは決めかねるから、三長官に相談する」と返答したという（細川護貞『細川日記』〔上〕）。

　また、今まで東條の側近として働いていた人物からも、「東條留任」の希望が出ていた。梅津が東京についてまもない七月十八日、泊まっていた偕行社《かいこうしや》（陸軍将校の親睦・研究団体および施設）二階の部屋に、冨永恭次陸軍次官が訪ねてきた。


「この際、陸軍に動揺を与えぬため、陸軍大臣は依然東條大将を留任させた方が適当と思うが、閣下のご意見は如何《いかが》でしょうか」

（『最後の参謀総長梅津美治郎』）


　梅津は即答せず、ひとまずその場を過ごした。そしてまもなく「前陸相」となる東條を含め、杉山元新教育総監、梅津新参謀総長による三長官会議が開かれた。参謀本部戦争指導班の種村佐孝《たねむらすけたか》大佐によれば、「誰を陸軍大臣にするかは一《いつ》に梅津参謀総長の発言如何《いかん》にあった」というが、その梅津は断定的な結論を下した。

この際、東條大将が留任することは適当ではない、杉山元帥になってもらうより外《ほか》はない。そして東條大将は現役を去るべきであると主張した。

（種村佐孝『大本営機密日誌』）

梅津はこの日に教育総監になったばかりの杉山の陸相就任を推し、さらには東條の予備役編入まで言及したのである。

結局、新陸相および東條の退役は梅津の発言通りとなった。過去の林銑十郎内閣での板垣征四郎陸相排除と中村孝太郎陸相の実現、その中村が辞める時は素早く杉山を陸相にするなど、今回の事例も併《あわ》せて考えると、梅津は人事についてはかなり思い切った決断を下していることがよくわかる。

こうして昭和十九（一九四四）年七月二十二日、小磯国昭内閣および新陸海軍指導部は動き出した。首相は予備役陸軍大将小磯国昭、陸軍大臣は元帥杉山元、海軍大臣は予備役海軍大将米内光政が現役に復帰して就任、外務大臣は重光葵など。統帥部は、陸軍の参謀総長に梅津美治郎、海軍の軍令部総長は八月二日に海軍大将及川古志郎《おいかわこしろう》が就任した。

このなかで、特に米内は東條英機前内閣の倒閣に多少かかわり、また総理経験者として重臣会議でも「ポスト東條」の選考にも関与した。その米内が総理に推したのは、意外にも梅津であった。

僕は梅津という人とは会っただけで詳しいことは知らぬが、満州であれだけ微動もさせなかった手腕は買ってもよろしいではないか、適任ではないかと主張したが（後略）。

（高木惣吉写、実松譲編『海軍大将米内光政覚書』）

米内の回想は日付の点などで記憶違いと思われる点もあるが、梅津を評価していたことは事実である。関東軍をしっかり掌握していたことは、陸軍外部から見ても評価すべき人物と見なされていたようだ。

二つの提案

小磯内閣で最初に行なわれた目立った施策は、「最高戦争指導会議」の設置である。これまで政府と大本営の間には「大本営政府連絡会議」が設置されており、政治と統帥の情報共有や政戦指導の一致が図られてきた。しかし、「連絡会議」という名称が示すように、単に情報共有などをするだけにすぎず、軍への介入ができない首相が強力な戦争指導を行なうことはできなかった。そのため、小磯は「最高戦争指導会議」を設置することで、首相も軍事に参加できるよう企図したのだ。

八月四日に開かれた最後の連絡会議では「最高戦争指導会議に関する件」が決定されたが、その「方針」には「最高戦争指導会議を設置し戦争指導の根本方針の策定及《および》政戦略の吻合《ふんごう》調整に任ず」とある（参謀本部所蔵『敗戦の記録 普及版』）。

しかし、名前はそれらしいものになったが、内実は連絡会議時代とほとんど変わらなかった。別に首相が軍事指揮権を握ったわけでもない。この「最高戦争指導会議に関する件」決定にあたって、梅津が二つ提案したことがある。

(イ)本案は構成員中一人にても欠けたる場合は、決定効力無しと認むるが如何、全員異存なし。

(ロ)本案に依《よ》れば常に幹事を出席せしめあるも、今後機微《きび》なる戦争指導を実施する為《ため》には幹事なしで実施する場合あるを予期するが如何（特に外交問題等）。

（軍事史学会『機密戦争日誌』下）

梅津は、会議の決定を原則「全員参加」にすると共に、重要な事柄は「構成員のみ」の出席に限るべし、と提案している。これはいったい何を意味するのだろうか。

(イ)については、おそらく出張などで誰かが出られなくなった時、その代理として出る人物が本人と違った意見を述べ、それが決定されてしまうような事態を避けるためだろう。たとえば梅津が現地視察などで日本を離れる際、代理として出た参謀次長などが梅津の意見とは違った意見を唱え、それが採択されてしまっては困る。

(ロ)については、これまでは構成員(首相、陸海相、陸海統帥部総長、外相)の他に、各省の下僚が幹事役などで出席していたが、これでは構成員が自分の所属を意識して自由な発言ができず、また彼らより会議の内容が漏《も》れるのを防ぐとの考えがあったと思われる(清原『参謀総長梅津美治郎と戦争の時代』)。

何度も述べているように、梅津は子分を作らず、仕事は自ら考えて処理することが多かった。ある新聞記者は、「石原(莞爾)は上にロボットを好み、梅津は下にロボットを好む」と書いたという(松村秀逸『大本営発表』)。つまり彼は部下をあまり信用せず、秘密などが漏れることを嫌った。満洲事変の折は中央の命令を受けていない関東軍が勝手に事《こと》を起こし、収拾に奔走した。宇垣一成内閣流産の際は石原莞爾やその同志によって正式な首相候補を潰《つぶ》された。これら「苦い経験」もあり、もともと統制を重視する梅津の性格に、輪をかけて慎重な姿勢を保たせる原因になったのだろう。

また、「機微なる戦争指導」には「戦争の終結」も含まれると見ていいだろう。ガダルカナル島放棄、アッツ島やサイパン島での玉砕、マリアナ沖航空戦では空母三隻沈没と約三〇〇機の航空機を失う大損害を被《こうむ》った。失陥したサイパン島からは、巨大爆撃機B29

が飛び立っている。誰もが、「戦争をやめる」ことを何らかの形で考えるべき時だった。

そのようななか、梅津が打った手は、代理出席者による上長を無視した提案を許さず、機微な提案は幹事を排除して構成員のみで行なうなど、重要事項を極限されたメンバーで話し合うために必要な措置だった。

もちろん、この段階で梅津が具体的な終戦決定プロセスを考えていたかは不明であるが、こうした措置が何らかの形で戦争を終わらせる重要な決定に資することは、当然ながら考えていたであろう。梅津は、参謀本部の部長会報（昭和十九〔一九四四〕年十月二十七日）で次のように述べている。

1、戦況発表稍々《やや》刹那《せつな》過《す》ぎる、作戦見透しの無き場合に於《お》ける過早《かそう》なる発表は研究を要す。
2、第一線部隊精力保持の為《ため》の補給に関し更《さら》に研究を要す。
3、上司に対する中間報告を励行《れいこう》すること（武功章《ぶこうしょう》〔陸軍武功徽章《ぶこうきしょう》〕の件）。
4、軍人遺家族の援護に関しては無条件に依存心を起こさせぬ様《よう》研究すること。

5、戒厳令《かいげんれい》の適用は寧《むし》ろ遅過《すぎ》るを可とす。
6、戦勝気分を絶対に戒《いまし》め、多方面の戦備を強化するを要す。

（軍事史学会『機密戦争日誌』下）

梅津は参謀たちの気持ちを引き締め、戒厳令という非常手段を強く牽制している。無用な期待を抱かせることなく、万が一の際も非常手段に出る可能性が低いことをあらかじめ認識させていたのかもしれない。梅津の一見すると地味な言動の数々は、戦争終結への「地ならし」の役目を果たしていたことがわかる。

陸軍大臣兼任!?

ところで、梅津は陸軍中央で下僚たちにどのような印象を持たれていたのだろうか。

冷静で、その行動は極めて理智的であったから、感情に走るなどということは、微塵《みじん》もなかった。下僚にとっては、聡明《そうめい》だっただけに、下手なことも言えず、親しみにくい存在だった。よく、朝、廊下などであった時「やァ、おはよう」と挨拶位《くらい》はしてもよさそうなものだ、と言っていた人もある。無表情で喜怒哀楽をちっとも顔に現わさなかったところから「御能《おのう》の面《めん》」などという綽名《あだな》が生まれたのだろう。

（松村『大本営発表』）

相変わらず、他人の機嫌を取ることはおろか、愛想もなかったようだ。それでも「冷静」「理知的」「聡明」など、その有能さは部下たちも認めざるを得なかった。さぞかし、緊張を強《し》いられる上司だったろう。

前述のように、梅津は部下をあまり信用していなかった。これが「下にロボットを好む」と言われた所以《ゆえん》だろうが、彼は過去、特に陸軍次官時代は、石原莞爾と通じた軍務局の若手らの行動に苦い思いをさせられた。数々の情報に接する機会のあった大谷敬二郎《おおたにけいじろう》（のち東京憲兵隊長）は次のように記す。

梅津総長は、すでに陸軍次官時代、幕僚の越軌《えつき》沙汰に苦労しただけあって、重要事項は幕僚の意見を用いなかった。むしろ、幕僚には相談することなく自ら処理したといわれる。この梅津と杉山〔元〕は仲がよく意思疎通して一体をなしていた。梅津大将が、杉山元帥をリードし、杉山は梅津にさからわなかった。梅津は天皇にも親任篤《あつ》く、彼が陸軍を代表している感があった。だから、この頃の陸軍は、稀《まれ》に見る静穏で幕僚の越軌行動も殆《ほと》んど目だつものはなかった。

（大谷敬二郎『昭和憲兵史』）

部内統制はきちんとなされ、しかも省部のトップ同士の意思疎通がよく、梅津が引っ張る形で意見の一致もできていた。いっぽうで部下に依存することなく、秘密なども漏らさなかった。

梅津の部下の使い方には、一つの特徴がある。たとえば陸軍次官時代は柴山兼四郎、関東軍司令官時代は田村義富、参謀総長時代は種村佐孝というように、誰か一人信頼できる部下を見出し、その人物を懐刀《ふところがたな》として使うことだ。左の種村の証言は、梅津の部下活用法と同時に、梅津の陸軍での存在感の大きさを表わしている（日付は昭和十九〔一九四四〕年十一月二十一日）。

本日畑俊六元帥は教育総監へ、岡村寧次大将は支那派遣軍総司令官等重要な人事移動が発表された。梅津総長着任以来四ケ月で全軍の軍司令官が全部更迭され、寺内〔寿一〕元帥のみが残っていることになった。梅津総長の机上には停年名簿が一冊置いてあるきり、その他は何時《いつ》もきれいに整理されていた。暇《ひま》ある度《たび》に停年名簿を見て人事の刷新を考えていたらしい。実質的に兼陸軍大臣という形で、先輩の杉山〔元〕元帥は、大きな政治問題については勿論《もちろん》人事に関しても後輩の梅津さんの言うことを聞いていたようである。梅津・杉山のコンビは、ぴったりしたもので、大臣総長の気軽な相互の往き来は、従来に見られなかった光景である。（中略）梅津総長着任以来、陛下から政治問題についての御下問《ごかもん》が度々《たびたび》であった。（中略）もっともっと機微《きび》な問題にもふれていたであろうけれども口の固い総長は滅多《めった》に口にしないし、自分の意見というものは絶対いわない。私はその都度、「あのときの書類を持って来い」とか「電報を持って来い」とか「大臣のところへ行って来い」といいつけられるので、片鱗《へんりん》にふれることが出来た程度である。

（種村『大本営機密日誌』）

注目すべきは梅津が杉山元を「兼陸軍大臣」と呼ばれるほど随意に動かしていたことだ。前総理大臣の東條英機は陸軍大臣を兼任していたが、参謀本部との連携に苦労し、ついには自ら総長まで兼ねた。偶然にも、その時の総長は杉山である。東條は嫌がる杉山を執拗《しつよう》に説得することで何とか総長の座を退かせ、ようやく兼任を成し遂げた。それでも結局、徐々に無理がたたり、評判が悪くなってくると総長を梅津に明け渡す形となったのである。

それが、立場は逆とはいえ（今度は杉山が陸相）梅津はさほど苦労せずに杉山を動かし、あたかも兼陸軍大臣の趣《おもむき》すら備えているのである。この一事だけで単純比較はできないが、政治的手腕に関しては東條より梅津のほうが一枚上手《うわて》だったのではないだろうか。東條がある問題について正面突破型であるとすれば、梅津は丹念に観察して迂回路を探すタイプとでも言えるだろうか。

期待と反発

先の種村佐孝の記述には、梅津が昭和天皇よりたびたび政治についての「御下問」を受けたとある。他人と違って秘密を漏らす恐れのない、そして冷静な頭脳を持った梅津の存在は、昭和天皇にとっても信頼に値するものだったことがわかる。そのなかには、おそらく和平、つまり戦争終結に関する話もあったのではないか。

杉山陸相の秘書官を務めていた松谷《まつたに》誠《まこと》大佐は、梅津の「終戦の意図」について書き残している。時間はすこし先のことだ。

終始寡言沈黙《かげんちんもく》で親近感の湧《わ》かなかった梅津総長の戦争収拾に関する意向は、大本営の田村義富少将〔陸士三十一期〕から、私はひそかに聞いていた。田村少将は、かつて私が陸軍省軍事課に勤務していた際の先輩であり、昭和十九年三月、関東軍作戦主任参謀から大本営に転職してこられた。また私は、杉山〔元〕、阿南〔惟幾〕両陸相からも間接に梅津総長の意向をうかがっていた。いよいよとなったら、総長は、冷静、慎重、合理主義に徹し、天皇のご期待に沿い得るものと、私は陰ながら信じていた。

（松谷誠『大東亜戦争収拾の真相』）

松谷は、梅津のことを「親近感の湧かなかった」と正直に語っているが、まさにその親近感の湧かない理由、梅津の特色こそ、終戦へ向けて必要とされる要素だった。

どのような形であれ、戦争を終結させるには大きな波乱が予想される。その際、重要な決定を下す立場の人間が冷静な判断力を欠くことは致命的な事態を招きかねない。大局的で合理的な視野を持った人間が必要なことは言うまでもない。

いっぽう、陸相の杉山元の評判はあまり芳《かんば》しくなかった。昭和天皇の弟で海軍軍人でもある高松宮宣仁親王《たかまつのみやのぶひとしんのう》は、軍令部総長の及川古志郎に「杉山ロボット陸相」であるから「両総長の話合《はなしあい》が統帥より以上の広範囲に必要なること」を提案したことを、昭和十九（一九四四）年八月三日の日記に記している（高松宮宣仁親王『高松宮日記 第七巻』）。

前述のように、杉山と梅津の意思疎通はうまくいっており、人事問題なども梅津の言うことがほぼそのまま通ったということは、逆に言えば「ロボット陸相」のような評判が出るのはやむを得ないだろう。

もちろん、梅津とて誰からも好感を持たれていたわけではない。皇道派の大物である小畑敏四郎らは第二次近衛内閣で書記官長を務めた富田健治《とみたけんじ》に対して次のように語っている。

梅津大将は謂《い》わゞ徳川家康《とくがわいえやす》の如《ごと》き人物にて、東条〔英機〕の陣営を外見そのまゝと為《な》し置きて、次第次第に彼等《かれら》を自己陣営の者と化《か》せしめ、大勢の動向に従って、自己の地位を確立するに到るべく、かゝる手腕は恐るべきものなりと。

（細川『細川日記』〔下〕）

小畑ら皇道派にしてみれば、自分たちが軍を追い出されたあとに次官、関東軍司令官、参謀総長と上り詰めてきた梅津は、あたかも「徳川家康の如き」恐るべき手腕家と見えたのだろう。これは梅津への高評価と嫌悪感がないまぜになった見解だと言える。

陸軍内部でもさまざまな印象を持たれた。梅津、杉山に加えて陸軍次官の柴山兼四郎の三人は、二・二六事件後のほぼ同時期に陸軍中央（杉山は陸相、梅津は次官、柴山は軍務課長）にいて連携が取れていたが、問題もあった。松谷誠は次のように記している。

しかし、この煮《に》え切らない渋《しぶ》い心境が戦争指導に反映してか、省部中堅層間に不人気の原因となり、〔昭和〕二十年二、三月頃になって、大臣、総長、次官の更迭希望の雰囲気が湧いてきた。三月二十八日、真田《さなだ》〔穣一郎《じょういちろう》〕軍務局長は、陸海軍統合問題の不成功に関し辞職を願い出るとともに、大臣の辞職を勧告した。

（松谷『大東亜戦争収拾の真相』）

思うに、梅津の「部下をあまり信頼しない」「秘密を漏らさない」という性格は当然ながら、意思のある中堅層は気に食わなかっただろう。また、陸軍省の軍人にしてみれば、大臣が自分たちではなく参謀総長の意見ばかり聞くのも面白くなかったに違いない。

しかし、反発よりは信頼が優《まさ》ったのであろう。杉山、柴山はまた別の職場に赴くことになるが、梅津はついに参謀総長のまま終戦を迎えることになる。

捷号作戦、発動

昭和十九（一九四四）年八月九日、正式に第一回目の最高戦争指導会議が開かれた。ここで梅津は、陸海軍統帥部を代表して「今後に於《お》ける帝国軍の採るべき戦略方策」の説明を行なった。

帝国今後の戦争遂行上の要請を考察するに帝国は如何《いか》なる場合に於《おい》ても帝国本土を中心とする核心圏、資源要域を中心とする南方圏及《および》両者を連絡する要域を確保して飽《あ》くまで組織ある戦争を遂行し屈敵に邁進《まいしん》せざるべからず。而《しこう》して本土、南西諸島、台湾《たいわん》及比島《ひとう》〔フィリピン〕方面は実に今後に於ける敵の主反攻正面と予想せられ且又《かつまた》之《これ》が得失は帝国戦争遂行上真《しん》に重大なる影響を与うべきを以《もっ》て帝国軍としては陸海軍戦力の主力を展開して来攻する敵に対し決戦を指導し機会を求めて敵反攻の骨幹をなす機動艦隊並《ならび》に攻略部隊主力の覆滅《ふくめつ》を期し戦局の転換を図らざるべからず。

（参謀本部『敗戦の記録　普及版』）

当然ではあるが、攻勢ではなく、防衛戦略である。要域を固め、侵攻してくる敵主力を破砕する戦略だ。この戦略方針のあとに、各地でどのような対応をするかを説明している。

しかし、現実は過酷だった。十月十八日、梅津は海軍の及川古志郎軍令部総長と共に、「捷《しょう》一号作戦」の発動を上奏した。「捷号作戦」は一から四まであり、一は比島、すなわちフィリピン決戦を示す。昭和天皇は二人の上奏に対して、

本回の作戦は皇国の興廃《こうはい》を決する重要なる戦斗《せんとう》なり、宜《よろ》しく陸、海真《しん》に一体となり滅敵に邁進せよ。

（軍事史学会『機密戦争日誌』下）

旨の言葉をかけた。それほど、この戦いは重要だったのである。

この比島決戦発動の裏には、海軍航空部隊による台湾沖航空戦の「大戦果」があった。同戦闘は、十月十二日から十五日の間に行なわれた海軍の基地航空部隊によるアメリカ機動部隊に対する一連の戦いを指すものだが、海軍は「敵空母一一隻、戦艦二隻撃沈」など

大戦果を挙げたと発表した。

しかし、これはとんでもない戦果の誤認で、海軍が十六日に再調査したところ、「航空母艦四隻を撃破した程度」で、「撃沈したものは先《ま》ずあるまい」という結論が出た（服部『大東亜戦争全史』）。しかも陸軍はこの事実を知らされず、比島決戦において次のような判断をしていた。


我が海軍は、先の台湾沖航空戦に於《お》いて米国艦隊の主力を撃破したのであるが、満身創痍《まんしんそうい》のこの米軍がレイテに新作戦を開始したのは大なる過失に属する。今こそ、我が軍は、空、陸、海の戦力を集中して、敵を撃破すべきである。（服部『大東亜戦争全史』）

そして、参謀本部では「レイテ決戦」の企図を南方軍（元帥寺内寿一）に電報し、これを了承した南方軍は比島防衛の任を負う第一四方面軍（山下奉文《やましたともゆき》大将）にこれを命じた。

しかし元来、レイテではなくルソン島で戦う計画だった第一四方面軍は、レイテにはほとんど準備がないこと、急に兵力を輸送するにも準備が足りないことなどを理由に反対。

ただ、この反対は通らず、結局レイテ方面に来攻した米軍を迎え撃つことになった。

結果は、悲惨なものとなった。十月十八日に梅津らが「捷一号作戦」の発動を上奏してから二カ月後の十二月十九日、レイテ作戦は中止された。陸海合わせて約八万人の将兵が戦死し、合わせて海軍が決行した戦艦大和《やまと》や武蔵《むさし》を送り込んだ史上空前の海戦でも壊滅的損害を被った（武蔵は撃沈される）。

捷号作戦は梅津が参謀総長となる前に決定されており、また実際の戦闘の細部まで参謀総長が指示・介入できるわけではないが、「統帥部の責任者」としての立場は考えなくてはならないだろう。

近衛上奏文

年は開けて、昭和二十（一九四五）年一月一日。本来なら正月のめでたい日であるが、この年はサイパンから来襲したB29の爆撃のもとに明けた。

参謀本部戦争指導班は、その日記に「我れ苦しき時は敵も亦《また》苦し、今年こそは彼我《ひが》共に死闘の敢闘に臨《のぞ》むべき年なり」と記し、「昭和二十年度重要研究並《ならび》に懸案事項」として具申したいくつかの項目を記している。その第一番目は「一、終戦方策」「二、戦後経営方針」だった（軍事史学会『機密戦争日誌』下）。

さすがの参謀本部も、圧倒的に不利な状況はごまかしようがない。終戦の方策について、考えざるを得ないのは当然であろう。同時に、戦争終結の具体的な目処《めど》が立つまでは、敵に出血を強いてすこしでも戦局を有利にしようとするのは、これもまた当然である。秘書官の井上忠男《いのうえただお》によれば、梅津は次のように語ったという。

「総長の烈々《れつれつ》たる年頭《ねんとう》の辞《じ》あり。挙軍《きょぐん》総突撃、国民総蹶起《そうけっき》の秋《とき》、統帥部の負担今日より重きはなしとの信念を吐露《とろ》せらる」
（『最後の参謀総長梅津美治郎』）

統帥部の長としては、こうして士気を高揚させる発言以上のものはできなかったと思われる。

いっぽう、梅津の関知しないところで戦争の終結について別の動きがあった。二月十四日、今は野《や》にいる近衛文麿が参内し、昭和天皇に戦争終結の必要性を言上《ごんじょう》した。この時の言上は今日「近衛上奏文」として知られているが、これは終戦を促すと同時に、「共産革命」の危機を訴えるものだった。上奏文は冒頭で敗戦必至を指摘し、以後をほとんど「共産革命」の危険性を述べることに費《つい》やしている。

敗戦は我国体《こくたい》〔国家体制〕の一大瑕瑾《かきん》たるべきも、英米の輿論《よろん》は今日迄《まで》の所《ところ》国体の変更とまでは進み居《お》らず〔勿論《もちろん》一部には過激論あり、又《また》将来いかに変化するやは測知《そくち》し難《がた》し〕。随《したが》って敗戦だけならば、国体上はさまで憂《うれ》うる要なしと存《ぞん》じ候《そうろう》。国体護持《こくたいごじ》の立《たて》前《まえ》より最《もっと》も憂うべきは、敗戦よりも敗戦に伴《ともの》うて起《おこ》ることあるべき共産革命に候《そうろう》。

（細川『細川日記』〔下〕）

上奏文は、続いてソ連が世界を赤化する野望を捨てていないこと、ユーゴスラビアやポーランドにおけるソ連の影響などについて述べ、日本国内の情勢に目を移す。

翻《ひるがえ》って国内を見るに、共産革命達成のあらゆる条件日々具備《ぐび》せられ行く観有之候《これありそうろう》。即《すなわ》ち生活の窮乏、労働者発言権の増大、英米に対する敵愾心《てきがいしん》昂揚の反面たる親ソ気分、軍部内一味の革新運動、之《これ》に便乗する所謂《いわゆる》新官僚の運動及《およ》び之を背後より操《あやつ》る左翼分子の暗躍等々に御座《ござ》候《そうろう》。右の内《うち》特に憂慮すべきは、軍部内一味の革新運動に有之候。少壮軍人の多数は、我国体《こくたい》と共産主義は両立するものなりと信じ居《お》るものの如《ごと》く、軍部内革新論の基調も亦《また》こゝにありと存《ぞんじそうろう》候。皇族方の中にも此《こ》の主張に耳傾《かたむ》けらるゝ方ありと仄聞《そくぶん》いたし候。（同右）

上奏文では、軍人の多数が中流以下の家の出身であることを述べ、それゆえ共産主義を受け入れる素地があると述べている。彼らは軍隊での教育によって国体観念（天皇への忠誠心）は持っているから、共産分子は彼ら（軍人たち）を「国体と共産主義の両立」によって動かしているとする。さらに上奏文は続ける。

抑《そ》も満洲事変、支那事変を起《おこ》し、之《これ》を拡大して遂《つい》に大東亜戦争にまで導き来れるは、之等《これら》軍部一味の意識的計画なりし事《こと》今や明瞭なりと存《ぞんじそうろう》候。満洲事変当時、彼等《かれら》が事変の目的は国内革新にありと公言せるは、有名なる事実に御座候《ござそうろう》。支那事変当時も、「事変は永引《ながび》くがよろし、事変解決せば国内革新は出来なくなる」と公言せしは、此《こ》の一味の中心人物に御座候。是等《これら》軍部内一味の者の革新論の狙いは、必ずしも共産革命に非《あら》ずとするも、これを取巻《とりま》く一部官僚及び民間有志（之を右翼と云《い》うも可、左翼と云うも可なり。所謂《いわゆる》右翼は国体の衣《ころも》を着けたる共産主義なり）は、意識的に共産革命に迄《まで》引きずらんとする意図を包蔵し居《お》り、無知単純なる軍人、之に踊らされたりと見て大過《たいか》なしと存候。（同右）

近衛は、満洲事変から大東亜戦争まで軍部は「意識的に計画」していたと述べている。それら軍人たちは共産革命を狙ったわけではないが、その背後にいる左翼、近衛の言うところの「国体の衣を着けたる共産主義」らに操られていたという。しかし、これは結論ありきで書かれたこじつけとも言えるものだ。その点は、近衛とほぼ同時代人であるドイツ文学者、一般には『ビルマの竪琴』の著者として知られる竹山道雄《たけやまみちお》（東京大学教授）も指摘している。

歴史はあまたの複雑な動因によってうごくから、結果として生《うま》れたものをもってこれがはじめから所期されたものであったとすることは、多くの場合にあやまった判断となる。

（竹山道雄『昭和の精神史』）

この文章自体には梅津や他の個人名もないが、上奏文という性格上、それは当然かもしれない。しかし、近衛の「一連の戦争は共産主義者による陰謀」（同右）については、梅津も無関係ではなかった。

統制派の巨頭

話は、梅津がまだ関東軍の司令官だった時期、昭和十八（一九四三）年三月十八日に遡《さかのぼ》る。この日、近衛文麿は私邸の荻外荘《てきがいそう》において、予備役海軍大将小林躋造《こばやしせいぞう》の訪問を受けていた。

小林の残したメモによると、近衛との懇談は二時間におよんだという。近衛は、この時からすでに「共産主義者の陰謀」について、翌年の上奏文とほぼ同じ考え方を示していた。皇道派の荒木貞夫や真崎甚三郎などと近い近衛は、彼らを追い出して陸軍を牛耳《ぎゅうじ》っている（ように見える）統制派の陰謀を特に強調したという（以下、会話の内容は伊藤隆・野村実編『海軍大将　小林躋造覚書』内の「耄録志に添ふ」）。

赤《あか》に乗せられた軍中堅層は革新を目標に、而《しこう》して其《その》手段として長期戦争を企《くわだ》つるに至ったと考えらるるのである。しかもこの軍中堅層は参謀本部よりも陸軍省内に多かった。現に北支事変の勃発した時、政府は真面目《まじめ》に局地解決を欲《ほっ》し、参謀本部は之《これ》に同意して居《い》たのであるが、陸軍省に蟠踞《ばんきょ》する革新派は出先軍《でさきぐん》と通謀しドンドン事変を拡大した。之には立派な証拠もある。現に企画院に居る秋永《あきなが》〔月三《つきぞう》〕少将［?］なども支那事変を早く治められては困《こ》ると云《い》った事もある。

（伊藤・野村『海軍大将　小林躋造覚書』）

気心《きごころ》の知れた人物との私的会話であるゆえ、近衛は遠慮なく具体的な名前を出していく。話は第一次近衛内閣での杉山元陸相の態度、日中和平交渉の挫折《ざせつ》などにおよび、「軍の陰謀」を指摘する。

要するに軍の革新派は出先と結托《ママ》して中央の指令に服せずドンドン事変を拡大する。一面政府が可成《なるべく》不拡大で行こうとする工作を妨《さまた》げて一図《いちず》に長期戦にして仕舞《しま》い、遂《つい》に対米、英戦に迄《まで》追い込んだ。しかも夫《そ》れが戦争が目的ではなく、戦争に藉口《しやこう》して我国の旧慣を破壊し、革命を具現せんとするのであるから、此《この》一派の率いる陸軍に諸政を牛耳られては国家の前途真《しん》に深憂《しんゆう》に堪《た》えぬ。（同右）

近衛は、これら革新派には統制派の者が多いとして、それを抑えるためには軍から追放された状態の皇道派を復活させよと言う。さらに梅津に言及している。

又《また》一部では梅津を起用せんとする説もあるが、彼は統制派の巨頭で、彼の幕僚の一人池田某［現関東軍参謀〔池田純久のこと〕］は尤《もつと》も危険な人物だと思う。池田は梅津に随伴《ずいはん》し、梅津の赴く処《ところ》必ず池田ありと云《い》って善《よ》い位《くらい》だが、彼は決して表面に立たず終始蔭《かげ》に在《あ》って画策してる。梅津の起用は危険だ。（同右）

ここで梅津は、どういうわけか「統制派の巨頭」呼ばわりされている。再三述べてきた通り、彼はどの派閥にも属しておらず、親分子分の関係もほとんど見られない。むしろ、部下からはとっつきにくいとすら思われていた。それなのに、二・二六事件後に陸軍中央で活躍し、皇道派の排除に動いたために統制派、しかも巨頭とされてしまっている。皇道派でなければ統制派とは単純にすぎるが、近衛がつきあっていた人物が皇道派に偏《かたよ》っていたため、入ってくる情報や噂も一方からのものになってしまったのだろう。

また、梅津の下にいた池田純久の存在も誤解の原因だろう。池田は確かに、自分で統制派を名乗る数少ない人物の一人で、統制派の中で唯一のイデオローグを自称するほどだった（池田『日本の曲り角』）。

しかし、だからといって梅津が統制派の巨頭ということにはならない。第二章で述べた通り、近衛は梅津について「近衛内閣倒閣を狙っている」との誤解を抱いたが、一度面会してその誤解は解けたはずだった。しかし、ここにきて再び誤解するどころか、まるで陸軍内の陰謀の首魁《しゆかい》のように飛躍した見解を抱くようになる。近衛のつきあいは広範囲におよんでいたが、その判断力は梅津と違ってかなり公平性に欠けるものだったと言える。

戦争終結に向けて

内容はともかく、近衛が上奏文に記した「敗戦」が避けられないとの認識を抱いていた者は少なくない。梅津本人もまた参謀総長として中央に復帰する際、「戦争の終結」に言及していたのは既述の通りである。

しかし、各人がいかに戦争終結を望んでいても、具体的に窓口を決め、行動を起こさない限りどうにもならない。軍、特に統帥部としては、まず「敵への対処」が優先されるのはしかたのないことだろう。梅津もまた、できることは限られていた。本来であれば、和平に関しては首相や外相など政府が考え、手を打つべきことである。

戦争終結を主導すべき小磯国昭首相には、一つの考えがあった。それが、重慶《じゆうけい》政府（蔣介石政権）との和平交渉の窓口になるかもしれないと思われた「繆斌《みようひん》工作」である。

繆斌は南京国民政府（汪兆銘政権）で立法院副院長の職にあり、かつて蔣介石のもとにいたこともある人物だ。その後、蔣介石とは別れて南京国民政府に参じたが、日中間の戦争には反対の意見を持っており、一刻も早く日本と重慶の和平を願っていたという。

始まりは、小磯が重慶側との和平の糸口を摑《つか》むために士官学校同期生の山県初男《やまがたはつお》大佐を中国へ派遣したことにある。山県はたまたま上海《シャンハイ》で繆斌と遭遇し、日中和平への意見が一致したことから、帰国してこのことを小磯に伝え、繆斌を日本に呼ぶことになった――と国務大臣兼情報局総裁の緒方竹虎《おがたたけとら》は自著のなかで記している（緒方竹虎『一軍人の生涯』）。

いっぽう、小磯の著書では、最初に話を持ってきたのは緒方ということになっている。同書によれば、昭和十九（一九四四）年九月頃、緒方から繆斌についての話があり、小磯がその始まりを尋ねたところ、「在上海朝日新聞社の記者で緒方国務大臣の信頼する者からの報告」という話だったたという（小磯国昭『葛山鴻爪』）。緒方は入閣前は朝日新聞社の主筆だった。

いずれにしろ、繆斌を日本に呼び、彼と二日間にわたり話をした緒方は少なくとも重慶政府側との和平交渉の基礎にはなるだろうと思い、最高戦争指導会議への繆斌招致を小磯に進言した（緒方『一軍人の生涯』）。

しかしこの繆斌工作が、結局は小磯内閣の命取りとなる。

繆斌《みょうひん》工作

昭和二十（一九四五）年三月二十一日、小磯国昭首相は最高戦争指導会議にて、繆斌を通じた和平工作について積極的に進めたい旨を述べた。小磯によれば、繆斌が書いた「日支和平論」なる書に書かれた蔣介石の真意は、次のようなものだったという。

一読して見ると、日支両国が善隣親睦でなければならぬ理論の外《ほか》に、蔣介石氏の真の意図は日本が敗戦覆滅することは中国の為《ため》には唇《くちびる》の落ちるにも等しく、禍《わざわい》、直《ただ》ちに中国に及び、中共〔中国共産党〕の擡頭《たいとう》、蘇《ソ》連の侵略、米英からの分割等、救国の為、応接の遑《いとま》ない事態を現出するであろうことを顧念《こねん》し、日本が悲運に陥らざるに先だち、中国の面目を維持しつゝ和平に就《つ》くことを希望しているというような意味を含めたものであった。（小磯『葛山鴻爪』）

これが本当であれば、戦局悪化著《いちじる》しい日本としては悪い話ではない。しかし、最高戦争指導会議のメンバーで同工作に乗り気なものはおらず、陸相の杉山元などは反対だった。

前述の緒方竹虎が臨時で出席した最高戦争指導会議において小磯は、繆斌の述べていることについて、「重慶の意思なりや否《いな》や確《たしか》むるを要するも其《そ》の上にて交渉を進め得べし」と、確認を前提にしつつ前向きな発言をしている（伊藤隆・武田知己編『重光葵 最高戦争指導会議記録・手記』）。

繆斌が和平の具体的な条件として挙げたのは左記である。

一、満洲処理問題に就《つ》いては別に協定す

二、日本は支那から完全に撤兵す

三、重慶政府は取敢《とりあ》えず南京に留守府《るすふ》を設置し、三ヶ月以内に南京に還都す

四、前項、留守府は重慶系の人物を以《も》って組織す
五、現南京政権の要人は日本政府に於《お》いて収容す
六、日本は米英と和を媾《こう》ず

（小磯『葛山鴻爪』）

しかし、問題となったのはこれら具体的条件以上に、繆斌の素性《すじょう》であった。杉山は

繆斌が如何《いか》なる素性を有するや、重慶と如何なる関係に居《お》るやを充分衝《つ》き突めたる上ならでは何等《なんら》着手すべきにあらざるべき処《ところ》、繆は元来重慶の廻《まわ》し者《もの》と見られ居れり。

（伊藤・武田『重光葵　最高戦争指導会議記録・手記』）

と疑い、繆斌を通じた和平交渉に疑問を呈した。海相の米内光政も素性のはっきりしない人物と一国の総理が重要な話をするのは「如何《いかが》なものなりや」と慎重の姿勢を見せる。もっとも強く反対したのは、外相の重光葵である。重光は、問題が大きいから「自分は明瞭に自分の立場を茲《ここ》に申《もう》し述《の》べ置く」として小磯と繆斌への疑義を述べた。

繆斌が寧《むし》ろ重慶の廻し者なりとの見方は本会に於《おい》ても已《すで》に一致したる意見なるが自分は彼《か》れを招致することには予《か》ねが《ね》反対し来《きた》りたり、一ヶ［月］以上前より招致の意向表示ありたる際自分は折角《せっかく》総理の希望なれば考え置くべきも陸海相にも相談あり度《た》き旨を答えたり。（中略）爾来何等《じらいなんら》の協議を受け居《お》らず、今日に及べり、即《すなわ》ち繆斌招致のことは自分は何等《なんら》関係なく今日初めて御協議に預《あずか》［与］る次第なり。（同右）

重光の主張は「筋論」のようなもので、小磯が外交担当の自分に対してしっかりと連絡を取っていないことについて相当な不満を持っていたようだ。なお梅津はこの場ではあまり積極的な意見を述べてはいないものの、杉山との関係などを考えると、同じような理由で反対の意見を持っていたと思われる。

結局、小磯や緒方がこだわった繆斌による和平工作は、閣内の不統一を表出させただけに終わった。繆斌自身は、最高戦争指導会議の直前に改めて小磯と面会し、日本では総理大臣が決定権を持っていないことに失望の色を表わしていたという（中村正吾『永田町一番地』）。

昭和天皇は四月三日、内大臣の木戸幸一に対し、前日拝謁した小磯が繆斌工作について「尚《なお》、この工作を進むる様《よう》に話《はなし》て」いた件について、次のように述べた。

今迄《いままで》他の大臣から聞いて居《い》たこととは大分《だいぶ》違って居るとは思ったが、直《ただ》ちに不可と云《い》うのもどうかと思ったので、深入りをしない様《よう》にせよと云うたところ、言葉を返して、如何《いか》にも惜《お》しいと云うようなことを云って居た。もう一度招《よ》んで打切《うちき》る様に云おうかと思うが如何。

（木戸『木戸幸一日記』下巻）

昭和天皇はやはり、謀略じみた和平工作は信用ができなかったのだろう。沖縄では三月二十三日に米軍機動部隊の三五〇機を超える艦載機による攻撃以来、二十六日には慶良間《けらま》諸島の座間味島《ざまみじま》などに米軍が上陸、四月一日には沖縄本島へも上陸を開始していた。「本土決戦」が現実的な視野に入る段階で、一刻も早い和平が望まれたのはもちろんだが、それでも繆斌を通じた交渉は歓迎されなかったのである。

小磯内閣には他にも問題があった。小磯は政治と軍事の一元化のために現役に復帰し、陸軍大臣を兼ねようとしたのである。陸相の杉山は新設された第一総軍（本土決戦のために設けられた、東日本を管轄する総軍）の司令官に転出することが決まっており、自らがその後任になろうとしたのである（小磯『葛山鴻爪』）。

しかし、これも拒絶されて失敗。もはや、これ以上内閣を続けることは困難であった。四月五日午前十時半、小磯は参内すると辞表を奉呈した。

鈴木貫太郎内閣の成立

昭和二十（一九四五）年四月五日午後五時、後継首相を決めるため、重臣会議が開かれる。第一に推されたのが、かつて侍従長を務めるなど昭和天皇の信頼が特に篤く、予備役海軍大将であり、枢密院議長として重臣会議にも参加していた鈴木貫太郎である。

しかし鈴木は「軍人が政治に出るのは国を滅ぼす基《もと》」「耳も遠し」として拒絶した（木戸『木戸幸一日記』下巻）。慶応《けいおう》二（西暦では一八六八）年に生まれの鈴木は当時、八〇歳に近かった。鈴木は昭和天皇の御前《ごぜん》に出ると、重臣会議で述べたことと同じ理由でお断わりしたい、と応答した。しかし、昭和天皇はさらに説得した。

「耳が聞こえなくともよい、政治に経験が無くてもよいからやれよ」

（鈴木一『人間天皇の素顔』）

ここまで言われては、もはや鈴木に断わることはできない。かくて、ここに鈴木内閣が誕生する運びとなったのである。

重要なことはもう一つある。昭和二十（一九四五）年一月、第一線の指揮官として働いていた阿南惟幾は航空総監として内地に戻ってきていたが（任命は前年十二月）、鈴木内閣の陸軍大臣として梅津と並んで陸軍のトップに立ったのである。以前から軍内部の信望が篤く、陸相として待望されていた人事であった。こうして、「理の人」梅津と「徳の人」阿南、長く相識《そうしき》の二人が並んで動き出すことになった。

新内閣の外務大臣に選ばれたのは、東郷茂徳《とうごうしげのり》である。開戦直前に東條英機内閣に外相として入閣し、避戦に尽力した人物の一人である。それが、戦争終盤に再び外務大臣として戻ってくる巡り合わせとなった。実は梅津は、この東郷と前年（昭和十九年）十一月に会って和平についての話をしている。東郷いわく、独ソの和平を日本が仲介し、そこからソ連を通じて戦争終結に導く必要性を説いたところ、

梅津総長はこれに賛成し、今迄《いままで》政府は何事も為《な》し得なかったが、なお自分はその目的のために努力する旨を述べた。
（外務省『終戦史録』1）

すなわち、日本と中立条約を結んでおり、かつ連合国側としてドイツと戦争をしていたソ連と、日本と軍事同盟（日独伊三国同盟）を結んでいるドイツとの仲介を日本が行ない、独ソ和平がなったあとにソ連を通じて、連合国との和平を考えたのである。

そして、ソ連を通じた和平交渉は鈴木内閣で進められることになる。ただし、独ソ和平については鈴木内閣が発足してまもない一九四五年四月三十日、ドイツの総統ヒトラーが首都ベルリンで自殺していることからもわかるように、失敗に終わっている。

名コンビ

梅津が、最高戦争指導会議の「構成員のみ」での開催を主張したのは前述の通りであるが、小磯国昭内閣から鈴木貫太郎内閣へと代替わりするにあたって、外務大臣をもはずそうと提案していたらしい。これに対して、陸軍省からは書記官長迫水久常《さこみずひさつね》（岡田啓介元首相の女婿）を通じて、「従前通り」という回答が来た。

総長にこの旨を報告すると、依然として外相を除外する意見であったから、直接書記官長にその旨を説明した。書記官長は、本件は早速《さっそく》総理及び外相の意見を取りまとめて返事するとのことで、数時間後「御趣旨は御尤《ごもっと》もであるが、とりあえず現状でいきたい」と総理の意向を伝えて来て、総長はさらに外相の意向をたしかめよとのことであったが、内閣に諾否《だくひ》の返事をすることなく当分見送ることにした。

（種村『大本営機密日誌』）

なぜ梅津は、最高戦争指導会議から外相を排除しようとしたのだろうか。これについては種村佐孝も「真意が奈辺《なへん》にあるかはわからない」としつつ、「表面の理由」を次のように述べている。

従来の会議があまりに小刻《こきざ》みのことが多く、当然政府の責任でやるべきことに、総長の出席を煩《わずら》わしていたことから、最高会議の目的を戦争指導の根本方針のみを議《ぎ》する機関とし、政戦両略の吻合《ふんごう》調整は専《もっぱ》ら陸海軍大臣が当《あた》ればいいとしていたのであった。（同右）

外務大臣が最高戦争指導会議に入ると、梅津の管掌分野とはあまり関係のない、細かなことまで議題となる。その名の通り「戦争指導」に注力すべき会議に、内閣で決めるべきことまで持ち込んでほしくない、ということだろう。

推測だが、これには前小磯内閣で命取りとなった、繆斌問題も絡んでいるのではないだろうか。こうした問題を最高戦争指導会議に持ち込み、かつ首相と外相が対立するような状況について、統帥部まで巻き込まれるのを嫌ったのかもしれない。

梅津と阿南

阿南惟幾第11軍司令官（着席左から1人目）と梅津関東軍司令官（同2人目）。中国の沁県にて。（梅津家所蔵）

また、種村は梅津の心中を「梅津、阿南〔惟幾〕の両コンビでは、省部の間にひびの生ずる心配はいらぬ」と察しているが、要するに内閣にいる阿南の見解と梅津の見解は乖離《かいり》することはありえず、政略と戦略の調整はそれ（閣議）で十分だろう、という考えではないかとしている（種村『大本営機密日誌』）。

種村が感得したように、梅津と阿南の二人はこれまでにないほど連携が取れていたようだ。同郷の先輩後輩、かつ阿南は梅津を畏敬してやまず、梅津も阿南を信頼していたと見られる。新たに参謀次長として、梅津の下に来た河辺《かわべ》虎四郎《とらしろう》は次のように記している。

殊《こと》に阿南大臣と梅津総長のコンビに私ごとき者が顔を出す必要がないと信じた。

（河辺虎四郎『河辺虎四郎回想録』）

阿南の義弟（妻の弟）で終戦時陸軍中佐、軍務局軍務課内政班長として阿南の下で働いていた竹下正彦《たけしたまさひこ》の証言もある。

陸相の時は梅津さんと隣室に勤務して居《い》たし始終《しじゆう》懇談の機があったようだ。大体《だいたい》が媾和《こうわ》の事は部下にも打開《うちあけ》られぬ大事であり、それに部外にも部内にも特に顧問を持たぬので、梅津さんの考えはそれだけ大きく阿南に影響したのではないかと思う。梅津さんは明敏な頭脳の持主であるが、阿南は頭は決してよくない。人柄、人を責めず自《みずから》を責めるそのところが、又《また》武道に練達し勇のあるところが部下を惹《ひ》きつけたので頭は梅津さんの比ではない。

（佐藤元英・黒沢文貴編『GHQ歴史課陳述録　終戦史資料』㊤）

両者の親密さは、梅津が阿南を導くような形だったと見てよいだろう。竹下は阿南の頭脳については「決してよくない」として、人柄や人徳で部下を惹きつけたという。

この点、怜悧《れいり》な頭脳と合理的、慎重な性格で感情を表に出さない梅津とは好対象をなしている。前述のように、梅津は「理の人」「知の人」であり、阿南は「情の人」「徳の人」と言えるだろう。もしこのコンビが戦局悪化後ではなく戦争開始前、もしくは緒戦の段階で実現していたら、と思わせるものがある。

そして二人の関係はまもなく訪れる「終戦」をめぐり、歴史に大きな影響をおよぼすことになる。

昭和天皇への上奏①

昭和二十（一九四五）年四月のある日、航空兵器総局長官の遠藤三郎が梅津のもとを訪ねてきた。遠藤はかつて参謀副長として関東軍司令官の梅津に仕え、おたがいに知る間柄である。

遠藤の用件は、今まさに行なわれている沖縄戦についてであった（以下、遠藤『日中十五年戦争と私』）。彼は本土決戦について「日本国の構造ならびに国民性から見て断じて避《さ》くべき」と考えており、沖縄を最後の決戦場にして終戦に導くべき、と考えていた。遠藤は自身の考えを阿南にも具申し、さらに航空機の発進基地である九州へと現地視察に赴く。

遠藤はここで、連合艦隊司令長官豊田副武《とよだそえむ》が九州ではなく東京の日野《ひの》（神奈川県の日吉《ひよし》の記憶違いと思われる）にいること、陸軍航空部隊が大阪にあって本土決戦の準備をしていることなどに大変腹を立てた。帰りの飛行機が大阪で給油のために着陸したところ、ここで大勢の新聞記者に囲まれた。遠藤は、婉曲《えんきよく》ながらも本土決戦ではなく沖縄の敵を叩くべきだ、と発言する。すると、彼が東京に帰った時はすでに夕刊に記事として載っていた。

遠藤はそのまま梅津を再訪して意見具申をしようとしたところ、記事を読んだ参謀次長の河辺虎四郎に「作戦計画を批判するとはひどいじゃないか」と抗議されてしまう。いっぽう梅津は、遠藤に対して次のように述べた。

「幕僚共がひどく激昂《げきこう》しているから、今度参謀本部に来る時は厳重に憲兵の護衛を付けて来い」

（遠藤『日中十五年戦争と私』）

梅津の真意はどこにあるのだろうか。おそらく、梅津自身も本土決戦を行なって成功するかどうか疑問に感じていたのではないか。もちろん、万全の準備を整え、敵が本土に来攻した際にはこれを撃退するつもりではあっただろう。しかし、これが成功するかどうかはわからないし、むしろ疑問のほうが大きかったと思われる。

これは六月のことではあるが、梅津は関東軍の山田乙三総司令官や支那派遣軍の岡村寧次総司令官と大連《だいれん》にて会議後、大陸の戦力などについて昭和天皇に上奏しているが、その内容を内大臣秘書官長松平康昌《まつだいらやすまさ》が海軍少将高木惣吉《たかぎそうきち》に語った記録がある。

土曜日［九日？］梅津総長が大連における打合《うちあわ》せより帰り、上奏せるとき、従来になき内容を申上《もうしあ》げた。即《すなわ》ち在満支兵力は皆合わせても米の八個師団位《くらい》の戦力しか有せず、しかも弾薬保有量は、近代式大会戦をやれば一回分よりないということを奏上したので、御上《おかみ》〔昭和天皇〕は、それでは内地の部隊は在満支部隊より遥《はる》かに装備が劣《おと》るから、戦《いくさ》にならぬではないかとの御考えを抱かれた様子である。また先だって、総長、関東防備の実情はどうかとの御下問《ごかもん》があったに拘《かかわ》らず、未《いま》だそのことに関する奏上が済んでいないことも御軫念《ごしんねん》のようである。御前会議の国力判断も、あれでは戦はできぬではないかとの思召《おぼしめ》しのようである。

（高木惣吉『高木海軍少将覚え書』）

梅津の上奏は、満洲や中国の戦力が思ったほどではなく、米軍と正面から戦えば負けるという内容だった。昭和天皇がそれでは戦えないと気づくだろうことは、梅津ならば当然見越していただろう。つまり梅津は、間接的に「本土決戦は不可」という話をしたのだ。

松平の話はさらに続く。

梅津は従来と変わったことを奏上して、御上に助け舟を出して戴《いただ》きたい考えかもしれぬ。尤《もつと》も上奏の書きものには右のことはなく、全《まつた》く書きものに出さず部下に知らさず申し上げたようである。（同右）

書面に残さなかったとなると、梅津の上奏がどのような性格のものだったのかがわかる。それは、部下に知られてはならない、秘中の秘だったのだろう。証拠を残さず、間接的に本土決戦の不可を伝えた梅津の意図は慎重に慎重を重ねた、おそらく松平が述べたごとく「天皇のご意思」によって戦争を終結することだったのではあるまいか。

梅津も、できれば敵に一撃を与え、より有利な講和をとは考えていただろう。梅津が、主戦派への配慮からなかなか自身の本心を述べられなかったとする研究もあり（山本智之『主戦か講和か』）、暗黙のうちに昭和天皇に対して「助け舟」を期待する気持ちが大きかったと思われる。

梅津が遠藤三郎に対して身辺への注意を促したのも、本人が戦争継続に対して抱いていた思いと無関係ではないと考えられる。梅津は慎重に、それこそ石橋を叩きながら橋を渡っていったと言えよう。

昭和天皇への上奏②

梅津の悲観的な上奏について、もうすこし続けたい。この件は、海相の米内光政も聞いていたようで、上奏からまもない昭和二十（一九四五）年六月十四日、高木惣吉に対して次のように述懐している。

最近、梅津［美治郎参謀総長］が拝謁したとき、かなり悲観的なことを奏上したらしい。そこで、お上《かみ》［天皇］は、あの国力判断と梅津の奏上によって、このさい名誉ある……［数字欠］は考慮すべき時期だとお考えになられたらしい。統帥部は、あの国力判断で戦《いく》さができると思っているのか、と仰《おお》せられた由《よし》。梅津は、お言葉でもちょうだいしたかったらしい。

（高木・実松『海軍大将米内光政覚書』）

［数字欠］の部分は、おそらくであるが「和平」「終戦」などの文字が入るのではないだ

ろうか。そして米内もここで梅津が「お言葉」を欲していたのではないか、と予測している。

この上奏については、昭和天皇もかなり衝撃を受けたようだ。梅津の上奏を聞いた時、「梅津がこんな弱音を吐《は》くことは初めてゞあった」と述べている（寺崎・ミラー『昭和天皇独白録』）。梅津の発言は、十分に昭和天皇の意識を引いたのである。

梅津は参謀総長になった際、長男の美一に「また後始末だよ」と漏らしたことは「プロローグ」で述べた。美一はこの時、「ああ、戦争はもう終わりだな」と思ったという。しかし、のちに梅津が戦争継続論を唱えた話を聞き、これを父に問い質《ただ》してみた。すると梅津は次のように述べたという。

「バカ、いやしくも全日本陸軍の作戦の総責任者として、もう戦争は出来ません、などという無責任な発言が出来ると思うか」と一笑に附《ふ》された。

（『最後の参謀総長梅津美治郎』）

ここに、梅津の苦悩がある。統帥部の最高責任者としては「敵に勝つ」方策を考えることが役目と、少なくとも梅津は考えた。役目というより、「軍人としての責務」であろう。だからこそ、回りくどくも、戦力の低下著しい現状を上奏して「お言葉」を期待する方法にならざるを得なかったのではないだろうか。

これは確かに慎重にすぎたかもしれない。しかし、八月十五日の段階ですら、まだ戦争継続を唱える軍や民間の有志は少なくなく、反乱事件もいくつか起こっている。このようなやり方でしか終戦に持ち込めなかったのかもしれない。

いずれにせよ、梅津の上奏は確実に日本を「戦争終結」の方向へ舵《かじ》を切らせる効果はあったと言える。

梅津は「徹底抗戦」を意図したか

梅津が大連へ出張していた昭和二十（一九四五）年六月八日、昭和天皇臨席の御前会議において「今後採るべき戦争指導の基本大綱」が決定された。会議には梅津の代理として参謀次長の河辺虎四郎が出席した。「大綱」の方針には、次のような文言がある。

七生尽忠《しちしょうじんちゅう》の信念を源力とし地の利人の和を以《もつ》て飽《あ》く迄《まで》戦争を完遂し以て国体を護持し皇土《こうど》を保衛し征戦目的の達成を期す。

（参謀本部『敗戦の記録　普及版』）

これは一見すると強気の文章で、「徹底的に戦う」と読むこともできる。驚いた外務省では、栗原健《くりはらけん》がこれを書いた種村佐孝に真意を問い質した。

種村さんは、あれは要するに、本土が安全なればもう戦争の目的は達したという意味を、自分は考えて書いていると言われる。

（江藤淳編『終戦史録〈別巻〉終戦を問い直す』。以下、同書より）

栗原は「それはあなた個人の意見か、それとも陸軍全体の意見か、それとも誰かの意図を体《たい》しているのか」と問うと、種村は、「自分は梅津参謀総長の意図を体して書いた」と答えたという。これを翌日、大連から帰って梅津が上奏した満洲、中国における戦力への悲観的観察と併せて考えれば、梅津の意図が奈辺にあったが、おおよそのところは推測できるだろう。

さらに六月二十二日、最高戦争指導会議メンバーを集めて、昭和天皇から重要な問いかけがなされた。

「戦争の指導に就《つい》ては曩《さき》に午前会議に於《おい》て決定を見たるところ、他面戦争の終結に就きても此際《このさい》従来の観念に囚《とら》わるゝことなく、速《すみやか》に具体的研究を遂げ、之《これ》が実現に努力せんことを望む」

（木戸『木戸幸一日記』下巻）

これに、鈴木貫太郎首相、米内光政海相、東郷茂徳外相がそれぞれ答えたあと、最後に梅津が答えた。

総長は異存はなきも、之《これ》が実施には慎重を要すと奉答《ほうとう》。〔昭和天皇より〕重ねて慎重を要することは勿論《もちろん》なるも、其《そ》の為《た》め時期を失《しつ》することはなきやとの御質問あり、之に対し総長は速《すみ》やかなるを要すとはっきり奉答せり云々《うんぬん》。

（同右）

慎重に、かつ速やかに。この矛盾《むじゅん》するようにも見える二つの条件を、何とかして克服して戦争終結に持っていかねばならないのが、梅津のみならず最高戦争指導会議メンバーの最重要課題だった。

ポツダム宣言をめぐって

昭和二十（一九四五）年七月二十六日夜、すでに降伏した同盟国ドイツのポツダムで、英米中の首脳による宣言が発せられた。いわゆるポツダム宣言である。

吾等《われら》合衆国大統領、中華民国政府主席及《および》「グレート・ブリテン」国総理大臣は吾等の数億の国民を代表し協議の上日本国に対し今次の戦争を終結するの機会を与うることに意見一致せり。

（国立国会図書館　電子展示会「日本国憲法の誕生」。以下、同資料より）

右の一文から始まる同宣言は「吾等の条件は左の如《ごと》し」として、軍国主義の排除、日本の占領統治、日本の領土を従来のものに限る、軍の武装解除、戦争犯罪者の処罰などを挙げ、「右以外の日本国の選択は迅速且《かつ》完全なる壊滅あるのみとす」と結ばれている。和平のための条件であると同時に、最後通告に等しいものであった。

これを受けた東郷茂徳外相は、「吾等の条件」とあることから「無条件降伏を求めたものに非《あら》ざることは明瞭」と感じ、なお占領地点や戦争犯罪者処罰の問題など、不明点について法律的観点などから検討するよう次官に命じた。そして二十七日午前中に参内、宣言について詳細に説明したあと、わが国の取るべき態度を言上した。

この宣言に対する我が方の取扱《とりあつか》いは内外に甚《はなは》だ慎重を要すること、殊《こと》にこれを拒否するが如《ごと》き意思表示を為《な》す場合には、重大なる結果を惹起《じやっき》する懸念があること、なお戦争終末については、「ソ」聯《れん》側との交渉は断絶せるに非《あら》ざるにより、その辺を見定めたるうえ措置すること可なりと思考する旨を言上した。（東郷茂徳『時代の一面』）

さらに東郷はこの日の最高戦争指導会議メンバーに同宣言を説明し、「之《これ》を拒絶すると言うことは日本として極めて不得策《ふとくさく》だ」ということ、さらに「もう少し［回答を延《のば》し］得るならば［延］した方が得策である」という方向で意見をまとめた（江藤淳監修、栗原健・波多野澄雄編『終戦工作の記録［下］』）。諾否をすぐには明らかにせず、照会して細部を明らかにし、できるだけ有利な条件に導こうというわけである。

しかし翌日の記者会見にて、鈴木貫太郎首相はこのポツダム宣言について質問を受け、有名な「黙殺」という言葉を使って政府の態度を示すことになってしまった。この件については陸相の阿南惟幾が「政府の見解を明らかにしないと、前線の将兵が承知しない」などと言い、他にも陸海軍に押される形で記者から質問してもらい、総理が答えることとなった（読売新聞社編『昭和史の天皇――終戦への道(下)』）。

ただ、海軍統帥のトップである軍令部総長の豊田副武は「そうではない」旨反論している。

当時の模様は戦後出たいろいろの記録を見ると、軍部が強《し》いて首相に宣言黙殺ということにさせたようになっているが、その席では誰もポツダム宣言受諾すべしと口に出したり、出さないまでも気配に見せたりしたものはなかった。問題にはならんじゃないかという大体の空気であった。しかし、この宣言は国民に取ってはやはり相当大きなショックであるから、政府としては確乎《かっこ》とした意思表示が必要であるという結論になった。すると迫水〔久常〕書記官長がちょうど今日、前からの予定で首相が記者団と会見することになっているから、その席上で記者団からポツダム宣言を一体どうするかという質問をして貰《もら》って、それに対して首相から政府の所信を述べて結局黙殺することにしようということになった。

（豊田副武『最後の帝国海軍』）

主に外務省関係者は「軍の圧力」を強調しているようではあるが、これは双方の認識の相違もあると言えよう。軍部側が圧力で押したという認識がなくても、外務省や首相の鈴木にすれば、そうではなかったかもしれない。たとえば、七月二十七日の『機密戦争日誌』には、次の記述がある。

本日作戦連絡後宮中《きゅうちゅう》に於《おい》て三国声明に関し外相より最高会議構成員に対し説明あり。帝国の態度を決して閣議に臨《のぞ》む。英米支声明（最後通牒）に対し之《これ》を発表すべきや否《いな》やに関して容易に定まらず。

（軍事史学会『機密戦争日誌』下）

これを読むと、「ポツダム宣言を国民に発表するか否か」に関してかなり議論があった様子はわかるが、宣言そのものを強く批判しているわけではない。さらに、和平派と見られていた米内光政海相も、ポツダム宣言について次のような話をしている。

声明は先に出した方に弱みがある（二十六日ポツダム宣言）。

「チャーチル」は没落するし、米は孤立に陥りつつある。

政府は黙殺で行く。「あせる」必要はない。

（伊藤隆編『高木惣吉　日記と情報　下』）

「チャーチルの没落」とはイギリス首相ウィンストン・チャーチル率いる保守党が選挙で

敗れ、チャーチル自身も辞職を余儀なくされたことを指す。米内の発言は、この段階においてずいぶんと楽観的な印象を受ける。このような受け止め方をしたのだとすれば、ひとまず「黙殺」ということになってもやむを得なかったのかもしれない。

しかし、外務省はこれを基礎に交渉を進める気だった。それゆえ、この言葉が翻訳されて「拒絶」という意味でとらえられたと知り、驚愕したのであった（読売新聞社『昭和史の天皇──終戦への道(下)』）。

ソ連侵攻

昭和二十（一九四五）年八月になると、情勢は急転する。六日、広島に新兵器である原子爆弾が投下されたのである。たった一発の爆弾で街は灰燼《かいじん》と化し、二〇万もの人々の命が奪われた。当時、アメリカの陸軍長官だったスチムソンなどは回顧録において、首相の宣言受諾「拒否」を原爆投下の表向きの理由としている。また、ソ連の侵略も同様に理由づけされるが、これらに関しては、終戦後かなり早い段階で、アメリカやソ連が自分たちの行動を是認するためにそれを表向きの口実にしたにすぎなかっただけのように思われる。

（ロバート・J・C・ビュートー著、大井篤訳『終戦外史』）

と、否定的な見解が出されている。

しかし、非戦闘員の無差別殺戮《さつりく》という戦争犯罪に対し、「言い訳」の材料を与えてしまったのは悔やまれることではあった。

大本営からは早速、有末精三を団長とする調査団を派遣したが、ここには日本で原爆の研究に携わっていた仁科芳雄《にしなよしお》博士（理化学研究所）も加わっており、仁科は到着前から「広島に落ちたのは原爆ですよ」と断言していたという（読売新聞社編『昭和史の天皇――原爆投下』）。

悲報はさらに続く。八月九日、ソ連がまだ有効だった日ソ中立条約を破り、満洲に侵攻したのである。日本は可能性は低いと見ながらも、この唯一日本と戦争状態にない大国を通じた和平を模索していたさなかのことである。日ソ間にある中立条約についてはソ連側から、四月に有効期限満了後、延長しない旨を通告されていた事実はあった。しかし、同条約は昭和二十一（一九四六）年四月までは有効であり、ソ連の行為が侵略であることは明白である。

もちろん、関東軍ではソ連側の動きを常に監視しており、そのうち攻め込んでくるであろうことは予想していた。しかし、侵攻時期を九月以降と予想しており、八月時点では民間人の避難も行なっていなかった（林三郎『太平洋戦争陸戦概史』）。梅津が司令官だった頃の「精鋭関東軍」は南方戦線に主力を引き抜かれており、ごく一部を除いてこの侵略に抗する術はなかった。

二つの悲報を受け、昭和天皇は「戦局の収拾につき急速に研究決定の要ありと思う故《ゆえ》」、首相と懇談するように内大臣の木戸幸一に命じた。もともとこの日に首相と会う予定だった木戸は、やってきた鈴木に「聖旨」を伝え、「此《こ》の際速《すみやか》にポツダム宣言を利用して戦争を終結に導くの必要」を力説した（木戸『木戸幸一日記』下巻）。

かくて、八月九日深夜十一時三十分、御前会議が招集されることになった。

御前会議での意見対立

昭和二十（一九四五）年八月九日、最高戦争指導会議や閣議が開かれ、当然ポツダム宣言受諾に関して話し合われた。しかし、容易に結論は出ない。東郷茂徳外相は「天皇統治の大権に変更なしとの前提」のみを条件に受諾を主張したものの、梅津参謀総長、阿南惟幾陸相、豊田副武軍令部総長らは自主的な武装解除、戦争犯罪人の日本側裁判、占領地域の限定などの条件を付加すべしとして対立した。

しかし、誰もが「受諾拒否」との主張はさすがにしなかったようだ。そして同日、二発目の原爆が長崎に投下された。再び新兵器の威力をまざまざと見せつけられたのである。

意見は対立したまま、とうとう御前会議が開かれた。鈴木貫太郎首相が進行役を務め、まず東郷外相が「国体護持」のみを条件とした宣言受け入れを提案した理由を述べる。

敵側米英の状況及《およ》びソ連の参戦に依《よ》り米英の地位は確実にせられ更《さら》に最後通牒を緩《ゆる》める事困難也《なり》。先方の側になって見るに交渉に依る緩和の余地なきものと思わる。（中略）但《ただ》し皇室は絶対問題也——将来の民族発展の基礎なれば也。

（外務省編『終戦史録』4内の「保科善四郎手記」）

東郷は、英米に加えてソ連が参戦し、連合国側は絶対有利となったのであるから、譲れない「皇室」に関して以外の条件をつけるべきではない、と主張する。次に意見を求められた米内光政海相は「全然同意す」と表明するが、逆に阿南陸相は「全然反対也」と反論した。ポツダム宣言の条文中には「満洲や台湾の放棄」を要求したカイロ宣言（昭和十八〔一九四三〕年十二月）の条項を「履行せらるべし」とあり、これを受け入れることは「道義国家の生命を失う」と述べ、受諾には四条件（国体護持に加え、戦争犯罪人の自主的処罰など）が絶対必要と強調した。

殊《こと》に「ソ」の如《ごと》き道義なき国家に対し、一方申入《もうしいれ》を以《もっ》てせんとする案には同意する能《あた》わず。一億枕《まくら》を並べて斃《たお》れても大義に生く可《べ》き也、飽《あ》く迄《まで》戦争を継続せざる可《べ》からず、充分戦《いくさ》をなし得るの自信あり。米に対しても本土決戦に対しても自信あり、海外諸国にある軍隊は無条件に戈《ほこ》を収めざるべし、又《また》内国民にも飽く迄戦うものある可《べ》く斯《か》くては内乱《うち》るゝに至るべし。

（同右）

梅津もまた、阿南と同意見だった。「陸相の所見に全然同様の所見を有す」として次のように述べた。

本土決戦に対しては準備出来て居《い》る、又《また》「ソ」の参戦は我に不利なるも無条件降伏をなさざる可《べ》からざる状態には非《あら》ず。今、無条件降伏をしては、戦死者に相済《あいす》まず、少《すくな》くとも午前〔編者註　最高戦争指導会議〕の四条件を加味することは最小限の譲歩也《なり》。

（同右）

阿南の発言には、「道義」「大義」という言葉が出てくる。また「一億玉砕」を唱えて継戦を主張する部分など、論理的とは言い難い。阿南の言葉は、本当に確信あってのものだろうか。梅津はこれに同意してはいるが、本土決戦を「準備出来ている」とするなど、阿南ほど気負った言葉は使っていない。また前述のように、本土よりまともとされる満洲、中国の戦力が整ってないことを昭和天皇に上奏した件を考えれば、本当にこの通りのことを考えていたのか疑問である。

この、陸軍を代表する二人の意見に対しては、彼らに同意した豊田副武軍令部総長も疑問を呈している。

阿南も梅津も肚《はら》の中では受諾已《や》むなしと考えて居《い》たことと思うが、陸軍部内には本当にポ宣言の受諾には反対する強硬気分があったように私は観測して居た。それで両将軍共あの条件で和平を受諾するには困難な立場に置かれて居たように見えた。

（佐藤・黒沢『GHQ歴史課陳述録 終戦史資料』㊦）

豊田の発言は戦後のものであり、また多少の自己弁護が含まれることを考慮に入れる必要があるだろう。とはいえ、梅津も阿南も「真意」については何も語らないまま世を去った以上、その場の空気や雰囲気を共有した豊田の意見は貴重である。たとえ豊田が自己弁護を含めて語ったことを勘案しても、梅津と阿南について嘘を言う理由がない。この回想はあくまで豊田が感じた「雰囲気」について述べただけであって、自己弁護のために二人の発言を勝手に作り上げたわけではない。
しかし真実はともあれ、ポツダム宣言についての意見は分かれていた。平沼騏一郎枢密院議長もメンバーにそれぞれ質問を発するなど、その後も論争は続いたが、決着はつかなかった。

聖断、下る

八月九日午後十一時半に始まった御前会議は日を跨《また》ぎ、深更におよんだ。そしてついに、鈴木貫太郎首相が「切り札」を持ち出す。

長時間に亘《わた》り審議せられ茲《ここ》に意見の一致を見ざるは甚《はなは》だ遺憾也《なり》。此《こ》の事たるや誠《まこと》に重大なる事柄にして、誠に枢府《すうふ》〔枢密院〕議長の言わるる通りの重大問題也。意見の対立ある以上、聖断を仰《あお》ぐの外《ほか》なし〔首相聖断を仰ぐ〕。

（外務省『終戦史録』4内の「保科善四郎手記」）

ここではじめて、昭和天皇の裁断が下された。すなわち、「外相案を採《と》る」として、理由を説明する。

従来勝利獲得の自信ありと聞いて居《い》るが、今迄《いままで》計画と実行とが一致しない、又《また》陸軍大臣の言う所《ところ》に依《よ》れば九十九里浜《くじゅうくりはま》の築城が八月中旬に出来上がるとのことであったが、未《いま》だ出来上がって居ない。又新設師団が出来ても之《これ》に渡す可《べ》き兵器は整っていないとのことだ。之ではあの機械力を誇る米英軍に対し勝算の見込みなし。朕《ちん》の股肱《ここう》たる軍人より武器を取り上げ、又朕の臣《しん》を引渡《ひきわた》すことは之を忍《しの》びざるも、大局上明治天皇の三国干渉の御決断の例に倣《なら》い、忍び難《がた》きを忍び、人民を破局より救い、世界人類の幸福の為《ため》に斯《か》く決心したのである。（同右）

かくして、長く続いた議論には決着がついた。外務省はスイスやスウェーデン公使を通じて、次の回答を連合国側へ送った。

御前会議

昭和20(1945)年8月9日深夜(10日2時)、鈴木貫太郎首相は立ち上がると昭和天皇にご意見を求めた。梅津は右列右から3人目
(白川一郎画「8月9日の御前会議」、野田市鈴木貫太郎記念館所蔵)

帝国政府は昭和二十年七月二十六日米、英、支三国首脳に依《よ》り共同に決定発表せられ爾《じ》後蘇《ソ》連邦の参加を見たる対本邦共同宣言に挙げられたる条件中には天皇の国家統治の大権を変更するの要求を包含し居《お》らざることの了解の下に帝国政府は右宣言を受諾す。

(外務省ホームページ「日本外交文書デジタルコレクション　太平洋戦争第3冊」)

時に、昭和二十（一九四五）年八月十日午前九時であった。

参謀次長の絶望

昭和二十（一九四五）年八月十日、参謀次長の河辺虎四郎は梅津から聞いた御前会議の「聖断」について、日記に次のように記している。

一、今後の作戦に御期待なし［過去の成績にかんがみて軍に対する御信用なし。これから先のための軍備いまだし］。

二、これ以上に人民を戦災に曝《さら》すに忍び得給《えたま》わず。これ以上に日本文化の破壊を見るに忍び得給わず。

（河辺『河辺虎四郎回想録』）

そして河辺はあたかも慟哭《どうこく》したかのように、その絶望感を綴《つづ》る。

要するに、今後の作戦に御期待なきなり。（中略）累積したる対軍不信感の表現なり

（中略）。嗚呼《ああ》何ぞその痛ましきや。しかも居合《いあ》わす将相《しょう》一人として「断じて必勝の今後」を御前に申し上げ得ざるの実情を奈何《いかん》。参謀総長、軍令部総長共に今後における必成の自信をお誓《ちか》い申し得ざるを奈何。いわく「必勝とは申し難きも必敗と断ずる理なし」と。何ぞその言の不的確なるや。（同右）

河辺は、これまでの行動によって陸軍が昭和天皇の信頼を失ったことを嘆き、さらには「必勝」を約束できない梅津や豊田副武ら陸海統帥部を詰《なじ》っている。しかし、河辺自身も自分の言っていることが無茶なのはわかっていた。

否《いな》、表現の方法を評するにあらず、正直なる両総長の表現が現実の姿なるを奈何《いかん》。予《よ》もまた断じて戦い続けんことを主張し自らを激励し来《きた》れるも、確算の有無を問われては、その返事は両総長と大差なかるべし。ただ「降参はしたくない、殺されても参《まい》ったとは言いたくない」の感情あるのみが、いわゆる死中《しちゅう》に活《かつ》を求め得べしと思うばかりなるべし。（同右）

河辺の気持ちは、複雑である。梅津らを批判的に記述しながらも、自分でも似たような返事しかできないだろうと正直に述べている。その後に続くのは、「降参」という屈辱的な行為に対する、もはや生理的とも言える嫌悪感だ。そしてこの「死中に活」という、ある意味抗戦派の最後のよりどころとなる信念は、「聖断」を受けてもまだあきらめきれない埋《うず》み火《び》となり、噴出することになる。

バーンズ回答

日本側が「国体護持」を唯一の条件として宣言受諾を発してから二日後の昭和二十（一九四五）年八月十二日、外務省ラジオ室は米国務長官ジェイムズ・バーンズが発表した回答文（サンフランシスコ放送）を傍受した。この回答文の一部が、再び大きな波乱を巻き起こす。

降伏の時より　天皇及《およ》び日本国政府の国家統治の権限は降伏条項の実施の為其《ため》の必要

と認むる措置を執《と》る連合軍最高司令官の制限の下に置かるるものとす。（中略）最終的の日本国の政府の形態は「ポツダム」宣言に遵《したが》い日本国国民の自由に表明する意思に依《よ》り決定せらるべきものとす。

（外務省ホームページ「日本外交文書デジタルコレクション　太平洋戦争第3冊」）

これを、外務省は次のように解釈している。

特に第一項は占領軍にして帝国内に駐屯する以上主権の行使が占領軍により制限せらる可《べ》きは已《や》むを得ざる所《ところ》にして寧《むし》ろ当然の解釈と言うべし。（中略）国民の自由意志に委《まか》すべしと言うは当然にしてこれ以上のことを期待するは無理なり。

（外務省『終戦史録』4）

すなわち、天皇の主権が制限されることはやむを得ないことであり、政府の形態が「国民の自由意志」によって成立するという表現も当然と受け止めたのだ。そして、この回答文をもって「国体護持」はなされたものと解釈した。

ただ、訳文の発表に際しては苦労もあった。バーンズ回答に触れた最初の一人である外務省条約局長の渋沢信一《しぶさわしんいち》は、次のように述べている。

事務当局としてはこの回答は当方の申出《もうしで》を実質的に受諾したものと了解して差支《さしつか》えないとの見解であったが軍部が屹度《きつと》文句をつけるに違いないことは解《わか》って居《い》た。軍人は訳文に頼るに違いないからこれはうまく訳さなければいかぬと思ったが、subject toをどう記すか、下田《しもだ》〔武三《たけぞう》〕一課長と相談したがこれは天皇の権限が総司令官に移ることを意味するものではなくただ制限されるだけだから従属とか服属とかいう刺激的な字は止めて意味をとって「制限の下にあり」という風にしよう（後略）。

（江藤他『終戦工作の記録〔下〕』）

そして案《あん》の定《じよう》、軍部、特に陸軍ではバーンズ回答に大きな不満を抱いた。梅津と豊田副武、二人の総長は並立して「バーンズ回答」は受け入れられない旨の上奏を行なったのである。

統帥部と致《いた》しましては本覚書《ほんおぼえがき》の如《ごと》き和平条件は断乎《だんこ》として峻拒《しゅんきょ》すべきものと存じます。即《すなわ》ち覚書第一項に依《よ》れば「日本は降伏の瞬間より日本政府及《および》日本　天皇は降伏条件を実行に移す為《ため》に必要と認めらるべき措置を採るであろう所《ところ》の連合国最高指揮官に従属さるべきものとす」とありまするが斯《かく》の如きは申すも畏《おそ》れ多きことながら帝国を属国化することに外《ほか》ならないので御座《ござ》いまして断じて受諾致し難《がた》きこと勿論《もちろん》であります。（中略）右覚書を通覧致しまするに敵国の意図が名実共に無条件降伏を要求し特に国体の根基《こんき》たる天皇の尊厳を冒瀆《ぼうとく》しあるは明なる所で御座いまして過般《かはん》　御聖断を賜《たまわ》りました御前会議の趣旨に反するものと考えられます。（同右）

ただし、この上奏については侍従武官長の蓮沼蕃（梅津と士官学校同期）は「両総長は、部下から懇請されて渋々《しぶしぶ》上奏して居《い》るような態度」に見えたというから（江藤他『終戦工作の記録［下］』）、それほどバーンズ回答に反発していたかどうかは不明である。

昭和天皇は陸海軍二人の上奏に対しては、河辺虎四郎参謀次長が「期待せる反響を得ざりし憾《うら》みあり」と記すように（河辺『河辺虎四郎回想録』）、けっしてよいものではなかった。

ともあれ、陸軍の若手や中堅はバーンズ回答に反発し、再び御前会議が招集されることになった。

クーデター計画

梅津と豊田副武の上奏に、ポツダム宣言受諾反対だった陸軍省の若手将校は勢いづき、昭和二十（一九四五）年八月十二日午後四時に開かれた臨時閣議では、阿南惟幾陸相が再び受諾反対を主張するようになった。平沼騏一郎枢密院議長も木戸幸一内大臣に面会、受諾反対の意見を伝えた。受諾賛成の東郷茂徳外相も木戸に面会し、鈴木貫太郎首相が平沼に同意しているとして不安を訴えた。これを受けて木戸は、午後九時半に鈴木が面会に来た際、説得を試みた。

余《よ》は今日となりては仮令《たとい》国内に動乱等の起《おこ》る心配ありとも断行の要を力説、首相も全然同感なる旨答えられ、大《おお》に意を強うしたり。

（木戸『木戸幸一日記』下巻）

そして翌十三日になると、陸軍、特に陸軍省軍務局内の動きが活発化した。

吾等《われら》少壮組は、情勢の悪化を痛感し、地下防空壕に参集、真剣にクーデターを計画す。竹下〔正彦〕、椎崎《しいざき》〔二郎《じろう》〕、畑中《はたなか》〔健二《けんじ》〕、田島《たじま》〔俊康《としやす》〕、稲葉《いなば》〔正夫《まさお》〕、南《みなみ》〔清志《きよし》〕、水原《みずはら》〔治雄《はるお》〕、中山安《なかやま》〔安正《やすまさ》〕、中山平《なかやま》〔平八郎《へいはちろう》〕、島貫《しまぬき》〔重節《しげよし》〕、浦《うら》〔茂《しげる》〕、国武《くにたけ》〔輝人《てるひと》〕、原《はら》等、二、三課、軍務課の面々なり。竹下より大綱を示し、手分けして細部計画を進め、更《さら》に秘密の厳守を要求す。

（軍事史学会『機密戦争日誌』下）

このクーデター計画は「兵力使用計画案」と題され、目的を「国体護持」について確証を得るまで交渉を続ける、つまり戦争を継続する、また具体的な方法として宮城を占拠して昭和天皇と和平派の要人を遮断し、さらに鈴木首相、東郷外相、米内光政海相らを監禁、戒厳令を布《し》くというものだった。計画発動の条件としては、参謀総長（梅津）、陸軍大臣（阿南惟幾）、東部軍管区司令官（田中静壱《たなかしずいち》陸軍大将）、近衛第一師団長（森赳《もりたけし》陸軍中将）四者の同意を必要とした（西内雅・岩田正孝『雄誥《をたけび》』）。

そしてこの日午後八時頃、閣議から帰った阿南陸相を荒尾興功《あらおおきかつ》軍事課長や竹下正彦中佐らが迎えて、クーデター計画について説明を行なおうとしていた。しかし、逆に阿南のほうから竹下が呼び出されたため、畑中健二少佐、椎崎二郎中佐らと共に陸相官邸に赴いた。ここに、あとから来た荒尾や井田正孝《いだまさたか》中佐らも加わり、大臣を説得にかかった。

仮令《たとい》逆臣となりても、永遠の国体護持の為《ため》、断乎《だんこ》明日午前「始めの計画は今夜十二時なりしも、大臣の帰邸遅き為不可能となる」、之《これ》を決行せんことを具申する所《ところ》あり。大臣は容易に同ずる色なかりしも、「西郷南州《さいごうなんしゅう》の心境がよく分《わか》る」、「自分の命は君等《きみら》に差し上げる」等の言あり（中略）。一時間以上熟考の上、夜十二時登庁、荒尾（興功）大佐に決心を示し、所要の指示をせられ度旨《たし》述べ、三々《さんさん》五々《ごご》帰る。

（軍事史学会『機密戦争日誌』下）

「西郷南洲」とはもちろん明治維新の立役者の一人、西郷隆盛《たかもり》のことである。阿南は、若い薩摩《さつま》士族に担がれた西郷の状況と、現在の自分の置かれた立場をよく似ていると考えたのだ。阿南はすでに十二日、上奏の際に昭和天皇より「阿南心配するな、朕には確証がある」と諭《さと》されている。通常、「陸軍大臣」と呼ぶところを、あえて侍従武官時代のようにその姓で呼んだのである（同右）。「確証」とは「国体護持」の確証に他ならない。

本来であれば、これで勝負あったと見るべきだろう。陸相がいかに強硬な継戦論者でも、「その人のために死ぬ」ことを最高の美徳とした対象より、懐《なつ》かしみを感じる呼び方で説得されては、「徳の人」たる阿南は従う他はない。

しかし、阿南と共に死のうという若い軍人たちは、まだあきらめていなかった。「西郷南州の気持ち」と口にしたのは、衒《てら》いや自己陶酔ではなく、本心だったのだろう。それゆえ、阿南の返答は諾否のわかりづらい、微妙なものとなった。阿南の秘書官で、早期終戦派だった林三郎《はやしさぶろう》は言う。

阿南陸相は、同日夜十二時、荒尾〔興功〕軍事課長だけを陸軍省の大臣室に招致し、間接的な表現を使ってクーデタには不同意の旨を申渡《もうしわた》した。しかし阿南陸相のこの態度は軍務局課員の一部に、陸相は内心クーデタには同意しているとの印象を抱かせたようであった。（林『太平洋戦争陸戦概史』）

これは、はたして林が正しいのか、それとも「課員の一部」が正しいのか。早期終戦を望む林には「クーデター拒否」に思え、ポツダム宣言拒絶（継戦派）には「クーデター賛成」と感じられるような返答だったということだろう。阿南の心情はそれほど苦しく、揺れていたのかもしれない。

昭和天皇に「確証あり」と言われ、部下には「戦争を続けるべき」と詰め寄られた阿南。しかし、彼にはまだ最後に頼るべき人がいた。翌十四日朝七時、阿南は陸軍省に登庁後、荒尾軍事課長を伴って梅津の部屋を訪ねる。クーデター計画への賛同を求めるためだ。

然《しか》るに総長は、先《ま》づ宮城内に兵を動かすことを難じ〔計画は本日十時よりの御前会議の際、隣室迄《まで》押しかけ、お上《かみ》〔昭和天皇〕を侍従武官をして御居間に案内せしめ、他を監禁せんとするの案なり〕、次《つい》で全面的に同意を表せず。茲《ここ》に於《おい》て計画崩《くず》れ万事去る。

（軍事史学会『機密戦争日誌』下）

これが、梅津の「答え」である。クーデター論を一蹴《いっしゅう》し、過激派の計画は一瞬で瓦解《がかい》した。阿南を支持していた将校らは、梅津が二・二六事件でどのような態度を取ったのか知らなかったのだろうか。あの時「断固鎮圧」の態度を取った梅津にしてみれば、自分たちがクーデターを起こす側になるなど、論外だったに違いない。

聖断、再び

阿南惟幾が梅津からクーデター計画を拒否されてから数時間後、八月十四日午前十時三十分、御前会議が開かれた。ここで再び、昭和天皇による聖断が下されたのである。この時の「お言葉」は、会議に出席した吉積正雄《よしづみまさお》軍務局長から他の課員に伝達されている。

自分の此《こ》の非常の決意は変《かわ》りはない。内外の動静国内の状況、彼我戦力の問題等、此《これ》等《ら》の比較に附《つい》ても軽々に判断したものではない。此《こ》の度《たび》の処置は、国体の破壊となるか、否《しか》らず、敵は国体を認めると思う。之《これ》に附ては不安は毛頭《もうとう》ない。唯《ただ》反対の意見［陸相、両総長の意見を指す］に附ては、字句の問題と思う。一部反対の者の意見の様《よう》に、敵に我《わが》国土を保障占領せられた後にどうなるか、之に附て不安はある。然《しか》し戦争を継続すれば、国体も何も皆なくなってしまい、玉砕のみだ。今、此の処置をすれば、多少なりとも力は残る。これが将来発展の種になるものと思う。

（軍事史学会『機密戦争日誌』下）

そして昭和天皇は「以下御涙《おなみだ》と共に」語り、

陸海軍の統制の困難なことも知って居《い》る。之《これ》にもよく気持ちを伝える為《ため》、詔書《しょうしょ》を出して呉《く》れ。ラジオ放送もしてよい。如何《いか》なる方法も採るから。

（同右）

こうして、「最後の御聖断」は下された。その後に開かれた閣議ではもはや詔書案に反対する者はなく、阿南含めた全員が副署を終えた。梅津は御前会議が終わると、参謀本部の将校全員を集め、

「昭和二十年八月十四日、それは我等《われら》に取って何たる悲しい日となったことでありましょう」

（『最後の参謀総長梅津美治郎』）

と「声涙《せいるい》共に下」り、自ら筆を執って書いた訓示を読み上げた（井上忠男「備忘録2」）。

聖断遂《つい》に下れること。国体の絶対性と一億赤子《せきし》の上とを思召《おぼしめ》さるる、叡慮《えいりよ》に順《したが》わざるべからず。聖断必ずしも吾人《ごじん》の信念に於《お》いて御結論を賜《たま》わらざりしこと責任を感ず。此《こ》の国難、正《まさ》に吾人は死に勝《まさ》る苦痛を共にせざるべからず。斯《かか》る時の為とも云《い》うべく

陶冶《とうや》せられたる軍紀、愈々《いよいよ》強化すべき団結。真に統帥中央部の真価を表現すべし。

（参謀本部『敗戦の記録 普及版』）

「死に勝る苦痛」、つまり悲痛のあまり自決などするのではなく、生きて最後まで責務を全《まっと》うせよ、と述べているのだ。

「理」と「情」

昭和二十（一九四五）年八月十四日は明け、十五日になった。陸相の阿南惟幾はかねてからの決意通り、私邸縁側にて腹を真一文字に切り、命を絶った。義弟の竹下正彦中佐はその最期の瞬間に居合わせたが、彼の介錯の申し出すら拒否し、自ら苦痛を耐え忍ぶ、克《こっ》己《き》の自死を成し遂げた。

陸相自決とほぼ時を同じくして、軍務局の若手将校らによる反乱、いわゆる宮城事件が勃発した。彼らは近衛第一師団長森赳を説得しようとするも、失敗。森を殺害すると、偽《にせ》の師団長命令によって部隊を動かした。しかし師団長の不在は致命的な欠陥となり、まもなく命令に疑問を持った師団内の部隊長は命令を拒否。さらに東部軍管区司令官の田中静壱大将も宮城に説得に乗り込み、反乱は失敗した。首謀者の椎崎二郎中佐、畑中健二少佐、古賀秀正《こがひでまさ》少佐らはその後自決した。

ところで、阿南は自決する前に竹下に遺言をいくつか託している。そのなかには、梅津に対しての言葉もあった。

総長に長い間御世話になりました、書き遺《のこ》しませんが、閣下には御世話になりました、国家は閣下が指導して下さい。

（軍事史学会『機密戦争日誌』下）

阿南の、梅津に対する敬意は最後まで変わらなかったのである。そして国家の指導を梅津に任せるなど、あたかも梅津の訓示と符号を合わせるかのように、後事《こうじ》を託して死んでいったのである。

梅津は阿南の訃報を聞き、官舎に移された遺骸と対面するために自動車を走らせた。その車中、秘書官の井上忠男に対し「阿南は立派な武将であった。しかし政治家ではなかった」と述べている（『最後の参謀総長梅津美治郎』）。ある意味、これほど阿南という人物を的確に表現した言葉も少ないのではないだろうか。誠実で責任感が強く、昭和天皇に愛され、部下からも慕われた。戦場にあっても剣道と弓道の鍛錬にはげむなど、部下にとってはまさに「武人の中の武人」であっただろう。

いっぽう、駆け引きや手練手管を必要とする「政治」には向かなかったように思える。軍と政治との関係というだけでなく、軍そのものが巨大な「組織」である以上、軍内政治もあり、それをしなければ組織は動かない、しかし阿南はそれを好まず、得意ではなかったようだ。

この面では、梅津は相当な手腕家だった。次官時代の部内統制はもちろん、総長になってからも表面強硬論を唱えながら、すこしずつ「和平」に向けて陸軍の軌道を動かしていった。正面を向いたまま、一見するとわからないぐらいうしろに下がっていたのである。ある時の発言だけに注目すれば、梅津は「本土決戦」を主張する強硬論者に見える。しかし別角度から見れば、その行動は戦争継続から遠ざかっているのだ。その典型が、昭和天皇への大陸戦力についての上奏、およびクーデターの拒絶である。

梅津は、徳望の面では阿南にはおよばなかっただろう。合理的で聡明ではあるが、愛想の良さや憐憫《れんびん》の情とはほど遠く見え、その能力や存在感に畏怖の念は抱いても、親しみは湧かない。しかし、それゆえ部下に「余分な期待」を抱かせないという利点もあった。理詰めで行けば戦争継続は不可能であり、部下は阿南のように情に訴えて「死中に活を」と突き上げることもできない。できない以前に、そのような念すら湧かなかったであろう。

軍隊という組織は、徹底的に合理性が要求される。近代国民国家では戦争になれば国力を傾け、多くの人命が失われ、最悪の場合は国が滅びる。相手の損害を増やし、すこしでも少ない犠牲で最適の結果を得ようとするならば、「合理的」になるのが当然である。

しかしまた、戦うのはあくまで人間である。誰しも怪我も死も避けたいのは変わらないが、それでも危険を冒して戦う以上、すこしでも尊敬できる、親しみの持てる人間のもとで命をかけたいと思うのはこれもまた当然であろう。ゆえに「人情」「徳望」といった要素を無視することはできない。

梅津は、まさしく「合理」の人だった。阿南は、「徳望」をもって慕われた。両者は、近代の軍隊が持つ両面性を代表していた。そしておたがいのことをよく理解していた。だからこそ、阿南は梅津に国家の後始末の役割を頼み、梅津は屈辱に耐えてミズーリ艦上に立ったのであろう。

知られざる功績

梅津の終戦へ向けた行動に、疑問の余地が残ることは確かだ。これは梅津だけではないが、「なぜもっと積極的に和平に持っていかなかったのか」という非難は、当時の戦争指導者すべてに向けられ得るだろう。

また梅津は、戦争当初に日本軍が挙げた劇的な戦果にも関与していない。ただ、戦勢が傾いた時期に参謀総長になった梅津にそれを求めるのは酷なのかもしれない。梅津ならずとも、ここまで不利な状況で統帥部のトップとして大きな功績を立てるのは難しいだろう。もちろん、退勢の日本軍にあっても局所的には賞賛に値する戦果を出した戦いもあるが、それはあくまで現地指揮官や兵士の功績によるところが大きい。

しかし、一つ梅津の確かな「功績」と呼べるものがある。それは、昭和二十（一九四五）年三月のことであった。この時、帝国陸海軍ではある極秘作戦が決行に移されるところだった。その作戦とは、細菌に感染させたネズミや蚊を潜水艦で運び、アメリカ本土もしくは米軍に占領された島に放つというものだった（武久成之「『細菌戦』海軍も計画」）。「PX作戦」と呼ばれた同作戦の発案者は軍令部次長小沢《おざわ》治三郎《じさぶろう》中将（のち最後の連合艦隊司令長官）で、計画は前年十二月からスタートしていた。海軍側から榎尾《えのお》義男《よしお》大佐、陸軍側から服部卓四郎大佐が担当者となり、「七三一部隊」で有名な石井《いしい》四郎《しろう》軍医中将がアドバイザーとなって行なわれることになっていた。

米内光政海軍大臣もこれを承認し、あとは決行されるのを待つだけ、という段階になっていた作戦を中止させたのが、他ならぬ梅津だったのである。

「細菌を戦争に使えば、それは日米戦という次元のものから、人類対細菌といった果てしない戦いになる。人道的にも世界の冷笑を受けるだけだ」

（武久「『細菌戦』海軍も計画」）

というのが反対の理由であった。担当者らは梅津の意見に反発したが、作戦は中止されたのである。この作戦が実行に移されたとしても、成功したかどうかはわからない。また成功していても、戦局の逆転までは難しいだろう。

しかし、不完全とはいえ、ジュネーブ議定書によって細菌兵器を含めた化学兵器の使用は禁止されており（開発や保持はできた）、日本も調印だけはしていた。作戦を実行していたならば、日本は「非人道的兵器を使った」という烙印《らくいん》を押され、世界の指弾はいっそう厳しいものとなったであろう。

昭和二十年三月と言えば、すでに硫黄島《いおうとう》の戦いが佳境に入っており、ドイツは無条件降伏直前だった。この段階での細菌兵器の使用は、まさしく「人類に対する戦争」になっていただろう。梅津は、これをギリギリの段階で阻止したのだ。

太平洋戦争では、勝者アメリカが無差別爆撃や原子爆弾によって非戦闘員を大量に殺傷した。しかし、日本はギリギリの段階でこれを踏みとどまったのである。戦局不利な状況で「何が何でも」「どのような手段に訴えても」挽回を期そうとするなか一人、理性を失わず、「人類に対する戦争」を阻止した梅津の功績は、けっして小さくはない。作戦にかかわった榎尾義男は、次のように証言している。

「戦後、私は広島の田舎にひきこもったままで、これまでＰＸ作戦についてはまったく口にしなかった。それは細菌戦が戦時公法、国際法に触れ、実際には発動しなかったものの、計画をねったこと自体、国際的に誤解を与え、国策上まずいと判断したからだ。防衛庁戦史室のスタッフにももらさなかった。いまでもこの作戦について話していいのかどうかちゅうちょしている。ただあの時代、やぶれかぶれで勝つためには手段を選ばないといった風潮の中、人類のために許されない——とした梅津参謀総長らの英断を理解してほしい。米軍は原爆を投下し、日本軍も原爆があれば使ったと述べた旧軍関係者がいたが、ＰＸ作戦が中止されたことから見てもありえないと思う」

（同右）

エピローグ――幽窓に暦日なし

調印拒否

戦いに幕が下ろされ、陸相の阿南惟幾は自ら命を絶った。方法の是非はともかく、梅津は軍のクーデターを抑え、戦争終結に一定の役割を果たした。しかし、まだ大事な仕事が残っていた。「後始末」の総仕上げとも言える、「ポツダム宣言」への調印である。

すでに鈴木貫太郎内閣は昭和二十（一九四五）年八月十六日に総辞職、東久邇宮稔彦王《ひがしくにのみやなるひこおう》が内閣を組織していた。近代日本史上初となる皇族内閣である。この内閣が、正式な意味での終戦（敗戦）を成し遂げることになる。

降伏文書への調印については当初、梅津一人がこれを行なう予定になっていた。しかし、梅津は「自決を強要するに均《ひと》し」い（重光他『続 重光葵手記』）として拒否した。東久邇宮首相も拒否し、結局、政府の代表者として重光葵外相が調印に臨むことになった。

最初は調印役を拒否した梅津だったが、ついに彼を決断させたのは、他ならぬ昭和天皇だった。昭和天皇は、梅津と重光に次のように述べたという。

何人《なにびと》も嫌がる仕事を命じ気の毒なるも朕《ちん》に代わりて使命を全《まっと》うすべし、如何《いか》なることありとも短気を起《おこ》し早まること勿《なか》れ、調印後の後始末は卿《けい》に負う所《ところ》多きに付《つき》自愛せよ。

（重光他『続 重光葵手記』）

「短気を起し早まること勿れ」とは「自決などするな」という意味に他ならない。これで、梅津の決意も決まったのだろう。軍人としては屈辱であり、また自らは開戦の決定に携わっていない戦争の後始末は苦痛に違いなかったであろうが、調印に赴くことになった。重光は、その態度を「武人として最も立派であった」と記す。

重光は梅津と同じ大分県の出身であり、そのせいもあるかもしれないが、梅津についてよく観察していたようで、次のように高い評価を下している。

梅津は満州時代には満州に此人《このひと》ありと云《い》われた人、冷静にて思慮稠密《ちゅうみつ》にして折り目正しき将軍である。

（同右）

遺書も遺言もなく

戦後のある時、梅津は柴山兼四郎元陸軍次官のもとを訪ねた。二人は、次のように話し合ったという。

お互《たが》い将来いつ拘引状《こういんじょう》が来るか分《わか》らぬが自決するようなことはせず、堂々と法廷で所信を披瀝《ひれき》し、彼らの断罪を待つという態度で行きましょうと誓《ちか》ったことであった。

（柴山他『元陸軍次官柴山兼四郎中将自叙伝 郷土の先覚者』）

敗戦を受け入れ、部下に「生きよ」と訓示をし、さらに「自決を強要」されるような思いを乗り越えて調印した梅津にすれば、当然の思いだろう。

昭和二十一（一九四六）年四月二十九日、梅津は外相の重光葵と共にA級戦犯容疑者として指名され、巣鴨《すがも》プリズンに収容されることとなる。東京裁判にあたっては元秘書官の井上忠男らが奔走し、アメリカ側弁護人としてベン・ブルース・ブレイクニー、日本側弁護人として最初は三宅正太郎《みやけしょうたろう》、のちに宮田光雄《みやたみつお》、そして長男の美一が弁護の手伝いを行なった（『最後の参謀総長梅津美治郎』）。

ここで梅津は、ブレークニーの提案で証言台に立つことをせず、ついに裁判中何も語ることはなかった。ちなみに、ブレークニーは東京裁判終了後も日本で弁護士を続け、美一も一時期その事務所で働いたという。成美が父・美一から聞いた話によると、ブレークニーという人物は「書類が（机の上で）ちょっとでも曲がっているのが許せない人で、すぐ九〇度に直したりするようでした」。生真面目《きまじめ》で、神経質な性格がうかがえる。

弁護方針によって証言台に立たなかった梅津は、その発言を歴史に残す最後の機会を失った。昭和二十三（一九四八）年二月十九日、梅津は直腸癌のため三一六病院に入院する。

手術も行なわれたが、体調は回復しなかった。梅津と同郷の江上二良は、十月はじめに三カ月ぶりに面会した梅津が「見まごうばかり」に「小さくやつれた」ことに思わず涙を流し（『最後の参謀総長梅津美治郎』）、梅津の手を取り、共に泣いた。梅津は江上に対し、「この裁判には国民の非常な誤解がある」と述べていたという。

同年十一月十二日、梅津は病床にあって「終身禁固」の判決を受けた。年が明けて昭和二十四（一九四九）年一月七日。病状と手術によって体力が低下していた梅津は肺炎を併発し、日付が変わった一月八日、帰らぬ人となった。危篤《きとく》の連絡を受けて家族や知人が駆けつけるも、残念ながら間に合わなかった。

遺書も遺言も残さなかった梅津だが、長女の美代子によれば、病床から「幽窓無暦日」とだけ書かれた紙片が見つかったという。「幽窓に暦日なし」、すなわち、囚《とら》われの身となった梅津にとって、病床で過ごす日々は時間が流れていないのと一緒だった。はたして無念の最期だったのか、それとも安息を得ていたのか——。

書き残すことなく、語ることも少なく、自らの心の内を見せなかった帝国陸軍、最後の参謀総長梅津美治郎は彼らしく痕跡を消すようにして去ったのである。

なぜ梅津だったのか

本書の掉尾《ちょうび》になぜ最後の参謀総長が梅津だったのか、その意味について考えてみたい。

梅津の特徴はこれまで述べてきたように感情を表に出さない、慎重、合理的などである。能力の面では、「陸大首席卒業」の経歴が表わすように、きわめて優れた頭脳を持っていた。数少ない知友である柴山兼四郎は、参謀本部総務部長時代の梅津について次のように述べる。

当時私は日本軍の正しい姿を具現《ぐげん》せしむるためには彼のような常識家であり信念の人にのみ期待がかけられると確信するに至り、この頃から彼を誰よりも尊敬するようになった。

（柴山他『元陸軍次官柴山兼四郎中将自叙伝　郷土の先覚者』）

「信念の人」というのは、梅津が「軍人は軍人らしく」という規範のもと、軍事以外のことに首を突っ込むことを激しく嫌ったことを指すのだろう。特に、軍人が政治に介入することを嫌うと同時に、軍が政党の影響を受けることも嫌がった。

しかし梅津自身は、軍人のなかでは「政治家」として高い能力を持っていた。参謀本部でも、総長になる前は総務部という、どちらかと言えば主流の作戦部より軍政に近い部署にいた。梅津はけっして政治を否定するものではなく、「関与する立場にない者が口を出す」ことを嫌ったと言うべきなのかもしれない。「感情を表情に出さない」「大事なことを話さない」という梅津の性格は、秘密裏に事《こと》を進めるには必須の資質であろう。

また柴山は言う。

彼は温厚篤実《おんこうとくじつ》、一言一句も苟《いやしく》もせぬというふうな謹厳な人であった。それで彼の悪口を言う者は、当時よく梅津は石橋を叩いて渡ることの出来《でき》ぬ男であると評したものである。それほど彼は熟慮の人であった。それが言うところの風評のごとく、石橋は叩くが大丈夫という自信がつけば敢然として渡るのに躊躇《ちゅうちょ》するようなことはなかった。微塵《みじん》も軽佻《けいちょう》浮薄《ふはく》のところのない、いわゆる重厚の人であった。（中略）彼は日本における真に偉大な軍人であった。及ばぬことではあるが、もし東条〔英機〕に代《かわ》うるに梅津をして当時の総理であり陸相たらしめば、日本の今日の姿は全然異なったものであったろう。欲を言うと彼にもう少しよい意味の積極性が欲しかった。もう少し野心家であって欲しかった。しかし彼のような性格者にこれを求むることは至難であったかも知れぬが、いずれにしてもこの点日本のために惜《お》しまれてならぬ。（同右）

柴山の記すところはなかなか奥が深い。梅津の最大の弱点は能力ではなく、性格にあったのかもしれない。

野心と積極性に欠けていることは通常、必ずしも弱点ではない。自らの仕事に忠実で能力があれば、何の問題もない。しかし、これも時と場合による。なぜ彼が「後始末」の人生を歩まねばならなかったのかと言えば、積極性や野心がないゆえに自分の存在を主張せず、大きな問題を前にした際、他者がその起用を思いつきづらいからだ。

だから問題が大きくなって、人々の危機感

武人として

昭和9(1934)年8月、支那駐屯軍司令官時代

(梅津家所蔵)

が強くなった際、ようやく「最後に縋《すが》り付く」存在として浮かび上がる。しかし、すでに状況が最悪に近くなっているため、梅津がどのような手を打っても、「良い結果」ではなく「最悪よりはましな結果」にしかなり得ない。この場合、人々は「〇〇すればもっとよかったのではないか」とあとづけで考えがちだ。つまりどれだけ「ましな結果」を残しても、プラスには評価されづらい。

それでも昭和二十（一九四五）年六月九日、梅津が部下にも知らせず、書き物にもせずに行なった上奏がなければ、「聖断」があのような形で下されたかはわからない。あるいは、さらに戦争が続けられた可能性もある。

昭和十四（一九三九）年八月、昭和天皇は阿部信行が組閣する際、「陸相は梅津か畑」でなければ許可しないと、三長官会議の結果を覆《くつがえ》すほどに梅津を信頼していた。梅津がさらに野心家で積極性があれば、もっと早い段階で陸相、参謀総長になれた可能性は十分にあった。

しかし柴山の言う、東條英機ではなく梅津が首相兼陸相になっていたら「全然異なった」結果になったかはわからない。事態が深刻化していた昭和十六（一九四一）年十月時点では、梅津といえども開戦を避けるのは難しかったろう。また、梅津に限らず「誰々であれば戦争は避けられた」と、少なくともその時代を経験していないわれわれが安易に断定するのは避けるべきだろう。

しかし東條が昭和天皇の意を受けて日米交渉、つまり避戦に舵を切った際、参謀総長が杉山元ではなく梅津であったなら、強硬派を抑えられた可能性は少なくはない。その時は梅津の慎重さと合理性、部下を畏怖させる沈黙と知性がもっともよく発揮されたように思う。

おわりに

筆者が、近現代史に強く惹かれたきっかけの一つは、宮城事件のドキュメンタリー番組を偶然見たことだった。おそらく戦争終結五〇周年記念番組などだったと思う。「陸軍大臣阿南惟幾の切腹」が非常に印象に残った。「玉音放送がある日に武士の作法に従って腹を切った」人物が、ほんの半世紀前にいたという事実は、あまりにもドラマチックだった。

それから宮城事件に関して、多くの人が手に取るであろう故半藤一利《はんどうかずとし》氏の『日本のいちばん長い日』を読み、二つの映像化作品も見た。原作、映画とも数多くの人物が登場し、クーデターを起こした少壮将校にも光があてられるが、主役はやはり阿南陸相と言っていいだろう。

しかし、大学を経て社会人となり、さまざまな文献をあたるにつれ、陸軍の「もう一人の代表者」である梅津美治郎の存在が浮かび上がってきた。「降伏文書への調印」という歴史的な役割を負い、「最後の参謀総長」というこれも歴史的な役割を果たした梅津という人物が、なぜあまり注目されていないのか（少なくとも一般的に）。徐々に興味を引かれていった。阿南とは違った意味で注目していったのである。

その後、柴田紳一《しばたしんいち》氏（國學院大學准教授）の「参謀総長梅津美治郎と終戦」、庄司潤一郎《しょうじじゅんいちろう》氏（防衛研究所研究幹事）の「梅津美治郎――『後始末』に尽力した陸軍大将」などの論考でも梅津が終戦に際して果たした役割に注目されており、かつ梅津を主題とした書物が多くないことを知り、自分なりに調べてみたいと思ったのが本書の始まりである（両氏の論文は梅津に関する文献を探す際に大変参考にさせていただいた。感謝申し上げる）。

本書の執筆に際して、梅津美治郎大将の孫である成美氏と妻の恵美子氏にはコロナ禍のなか、長時間のインタビューに応じていただいた。成美氏は「直接祖父を知らないので……」ということであったが、ご提供いただいた写真をはじめとする資料や証言はきわめて貴重だった。成美氏の風貌はマスク越しではあるが、写真で見る梅津美治郎とよく似ていた。深く感謝する次第である。

『永田鉄山と昭和陸軍』『一九四四年の東條英機』に続いて本作を刊行していただいた祥伝社新書にも感謝したい。文責は筆者にあるが、執筆にあたっては編集者とのやりとりが非常に大切になってくる。その意味ではとても有益だった。
最後に、本書を手に取ってくださった読者の皆様。「歴史の本を書いて世に出す」という行為を歴史研究者の筆者が続けてこられたのも、読んでくれる人々がいてこそに他ならない。はじめて手に取られた方、続けて読んでいただいた方、それぞれがまた拙著の「あとがき」でお会いできれば幸いである。改めて、深く感謝申し上げます。

筆者識す

参考文献

未刊行史料

阿南惟幾「秘　従軍日誌　日支事変（大東亜戦争）㈢」（国立国会図書館憲政資料室）
阿南惟幾「大東亜戦争　濠北日誌㈡」（国立国会図書館憲政資料室）
井上忠男「備忘録」２（防衛省防衛研究所）
冨永恭次「冨永恭次回想録　その㈡」（防衛省防衛研究所）

書籍

愛新覚羅・溥儀著、小野忍・野原四郎・新島淳良・丸山昇訳『わが半生　下』筑摩書房　一九九二年
赤松貞雄『東條秘書官機密日誌』文藝春秋　一九八五年
有末精三『有末精三回顧録』芙蓉書房　一九七四年
池田純久『日本の曲り角――軍閥の悲劇と最後の御前会議』千城出版　一九六八年
石射猪太郎『外交官の一生』中央公論社　一九八六年
石射猪太郎著、伊藤隆・劉傑編『石射猪太郎日記』中央公論社　一九九三年
伊藤隆編『高木惣吉　日記と情報　下』みすず書房　二〇〇〇年

伊藤隆・野村実編『海軍大将 小林躋造覚書』山川出版社 一九八一年
伊藤隆・武田知己編『重光葵 最高戦争指導会議記録・手記』中央公論新社 二〇〇四年
今岡豊『石原莞爾の悲劇』芙蓉書房 一九八一年
今村均『私記・一軍人六十年の哀歓』芙蓉書房 一九七〇年
岩井秀一郎『多田駿伝――「日中和平」を模索し続けた陸軍大将の無念』小学館 二〇一七年
岩井秀一郎『永田鉄山と昭和陸軍』祥伝社 二〇一九年
岩井秀一郎『渡辺錠太郎伝――二・二六事件で暗殺された「学者将軍」の非戦思想』小学館 二〇二〇年
岩井秀一郎『一九四四年の東條英機』祥伝社 二〇二〇年
宇垣一成著、角田順校訂『宇垣一成日記 2』みすず書房 一九七〇年
梅津美治郎刊行会・上法快男編『最後の参謀総長梅津美治郎』芙蓉書房 一九七六年
江藤淳編『終戦史録〈別巻〉終戦を問い直す』北洋社 一九八〇年
江藤淳監修、栗原健・波多野澄雄編『終戦工作の記録[下]』講談社 一九八六年
遠藤三郎『日中十五年戦争と私』日中書林 一九七四年
太田健一・坂本昇・岡崎克樹・難波俊成『次田大三郎日記』山陽新聞社 一九九一年
大谷敬二郎『昭和憲兵史』みすず書房 一九七九年
緒方竹虎『一軍人の生涯――提督・米内光政』光和堂 一九八三年

小原直『小原直回顧録』中央公論社　一九八六年
外務省編『終戦史録』1・4　北洋社　一九七七年
角田順編『石原莞爾資料〔増補版〕国防論策篇』原書房　一九八四年
片倉衷『回想の満洲国』経済往来社　一九七八年
片倉衷『片倉参謀の証言　叛乱と鎮圧』芙蓉書房　一九八一年
川田稔『昭和陸軍全史2　日中戦争』講談社　二〇一四年
川田稔『石原莞爾の世界戦略構想』祥伝社　二〇一六年
川田稔編『近衛文麿と日米開戦――内閣書記官長が残した「敗戦日本の内側」』祥伝社　二〇一九年
河辺虎四郎『河辺虎四郎回想録』毎日新聞社　一九七九年
北博昭『二・二六事件　全検証』朝日新聞社　二〇〇三年
北原寛子『輝く希望――或る家族への追想』北原寛子　二〇一四年
木戸幸一『木戸幸一日記』上巻・下巻　東京大学出版会　一九六六年
木戸日記研究会編『木戸幸一関係文書』東京大学出版会　一九六六年
清原芳治『参謀総長梅津美治郎と戦争の時代』大分合同新聞社　二〇〇八年
軍事史学会編『大本営陸軍部戦争指導班　機密戦争日誌　新装版』上・下　錦正社　二〇〇八年
軍事史学会編、黒沢文貴・相澤淳監修『海軍大将嶋田繁太郎備忘録・日記Ⅰ　備忘録第一～第五』錦正社　二一

○一七年
小磯国昭『葛山鴻爪』小磯国昭自叙伝刊行会　一九六三年
児島襄『太平洋戦争(上)』中央公論新社　一九七四年
小山完吾『小山完吾日記』慶應通信　一九五五年
佐藤賢了『軍務局長の賭け』芙蓉書房　一九八五年
佐藤元英・黒沢文貴編『GHQ歴史課陳述録　終戦史資料』(上)・(下)原書房　二〇〇二年
参謀本部編『杉山メモ[上]』原書房　一九八九年
参謀本部所蔵『敗戦の記録　普及版』原書房　二〇〇五年
重光葵『巣鴨日記』文藝春秋新社　一九五三年
重光葵『昭和の動乱　下』中央公論新社　二〇〇一年
重光葵著、伊藤隆・渡邊行男編『重光葵手記』中央公論社　一九八六年
重光葵著、伊藤隆・渡邊行男編『続　重光葵手記』中央公論社　一九八八年
柴山兼四郎著、赤城毅彦・潮田良一郎編『元陸軍次官柴山兼四郎中将自叙伝　郷土の先覚者』赤城左知子　二〇一〇年
上法快男『陸軍省軍務局』芙蓉書房　一九七九年
鈴木一『人間天皇の素顔』平安書店　一九七四年

全国憲友会連合会編纂委員会編『日本憲兵正史』全国憲友会連合本部 一九七六年
高木清寿『東亜の父 石原莞爾』たまいらぼ 一九八五年
高木惣吉写、実松譲編『高木海軍少将覚え書』毎日新聞社 一九七九年
高杉洋平『昭和陸軍と政治――「統帥権」というジレンマ』吉川弘文館 二〇二〇年
高橋正衛『昭和の軍閥』中央公論社 一九六九年
高松宮宣仁親王『高松宮日記 第七巻』中央公論社 一九九七年
高山信武『服部卓四郎と辻政信』芙蓉書房 一九八〇年
竹田恒徳『雲の上、下思い出話――元皇族の歩んだ明治・大正・昭和』東京新聞出版局 一九八七年
竹山道雄『昭和の精神史』講談社 一九八五年
種村佐孝『大本営機密日誌』ダイヤモンド社 一九五二年
筒井清忠『昭和十年代の陸軍と政治――軍部大臣現役武官制の虚像と実像』岩波書店 二〇〇七年
寺内寿一刊行会・上法快男編『元帥寺内寿一』芙蓉書房 一九七八年
寺崎英成、マリコ・テラサキ・ミラー編著『昭和天皇独白録 寺崎英成・御用掛日記』文藝春秋 一九九一年
東郷茂徳『時代の一面』中央公論社 一九八九年
豊田副武『最後の帝国海軍――軍令部総長の証言』中央公論新社 二〇一七年

中村正吾『永田町一番地』ニュース社　一九四六年
西内雅・岩田正孝『雄誥《をたけび》――大東亜戦争の精神と宮城事件』日本工業新聞社　一九八二年
西浦進『昭和陸軍秘録』日本経済新聞出版　二〇一四年
日本国際政治学会太平洋戦争原因研究部編『太平洋戦争への道　開戦外交史　第四巻　日中戦争　下』朝日新聞社　一九六三年
日本国際政治学会太平洋戦争原因研究部編『太平洋戦争への道　開戦外交史　第五巻　三国同盟・日ソ中立条約』朝日新聞社　一九六三年
額田坦『陸軍省人事局長の回想』芙蓉書房　一九七七年
服部卓四郎『大東亜戦争全史』原書房　一九六五年
林三郎『太平洋戦争陸戦概史』岩波書店　一九五一年
林三郎『関東軍と極東ソ連軍』芙蓉書房　一九七四年
原田熊雄述『西園寺公と政局』第五・六・八巻　岩波書店　一九五一、一九五二年
古海忠之『忘れ得ぬ満洲国』経済往来社　一九七八年
防衛庁防衛研修所戦史室『戦史叢書　大本営陸軍部〈2〉昭和十六年十二月まで』朝雲新聞社　一九六八年
防衛庁防衛研修所戦史室『戦史叢書　関東軍〈1〉対ソ戦備・ノモンハン事件』朝雲新聞社　一九六九年
防衛庁防衛研修所戦史室『戦史叢書　関東軍〈2〉関特演・終戦時の対ソ戦』朝雲新聞社　一九七四年

細川護貞『細川日記』〔上〕・〔下〕 中央公論新社 二〇〇二年
松村秀逸『大本営発表』 日本週報社 一九五二年
松村秀逸『三宅坂——軍閥は如何にして生れたか』 東光書房 一九五二年
松村知勝『関東軍参謀副長の手記』 芙蓉書房 一九七七年
松谷誠『大東亜戦争収拾の真相』 芙蓉書房 一九八〇年
武藤章『比島から巣鴨へ——日本軍部の歩んだ道と一軍人の運命』 中央公論新社 二〇〇八年
矢次一夫『昭和動乱私史 上』 経済往来社 一九七一年
矢部貞治『近衛文麿』 読売新聞社 一九七六年
山本智之『主戦か講和か——帝国陸軍の秘密終戦工作』 新潮社 二〇一三年
横山臣平『秘録 石原莞爾 新版』 芙蓉書房出版 一九九五年
読売新聞社編『昭和史の天皇——原爆投下』 角川書店 一九八八年
読売新聞社編『昭和史の天皇——終戦への道(下)』 角川書店 一九八九年
ロバート・J・C・ビュートー著、大井篤訳『終戦外史』 時事通信社 一九五八年

記事・論考

浅原健三「浅原健三日記」（秦郁彦『軍ファシズム運動史』） 一九七二年

五百旗頭真「陸軍による政治支配——二・二六事件から日中戦争へ」（三宅正樹・秦郁彦・藤村道生・義井博編『昭和史の軍部と政治2 大陸侵攻と戦時体制』）一九八三年
草地貞吾「支那総軍と関東軍　わが想い出の将帥」（『丸別冊　太平洋戦争証言シリーズ17　回想の将軍・提督——幕僚の見た将帥の素顔』）一九九一年
柴田紳一「参謀総長梅津美治郎と終戦」（『國學院大學日本文化研究所紀要　第八十九輯』）二〇〇二年
庄司潤一郎「梅津美治郎——『後始末』に尽力した陸軍大将」（筒井清忠編『昭和史講義【軍人編】』）二〇一八年
武久成之「『細菌戦』海軍も計画」（サンケイ新聞一九七七年八月十四日）
田中新一「日華事変拡大か不拡大か」（『別冊知性5　秘められた昭和史』）一九五六年
畑野勇「ロンドン海軍軍縮条約と宮中・政党・海軍」（筒井清忠編『昭和史講義——最新研究で見る戦争への道』）二〇一五年
「人物紙芝居　梅津美治郎」（『文藝春秋』一九三七年六月号）
「時の人——家つきの娘梅津美治郎」（『経済マガジン』一九三八年創刊一周年記念号）

ウェブサイト

朝日新聞社　聞蔵Ⅱビジュアル　https://database.asahi.com/index.shtml

参考文献

アジア歴史資料センター　https://www.jacar.go.jp/
外務省ホームページ「日本外交文書デジタルコレクション　太平洋戦争第3冊」　https://www.mofa.go.jp/mofaj/ms/da/page25_001055.html
国立国会図書館　電子展示会「日本国憲法の誕生」　https://www.ndl.go.jp/constitution/index.html
ヨミダス歴史館　https://database.yomiuri.co.jp/rekishikan/

切りとり線

★読者のみなさまにお願い

この本をお読みになって、どんな感想をお持ちでしょうか。祥伝社のホームページから書評をお送りいただけたら、ありがたく存じます。今後の企画の参考にさせていただきます。また、次ページの原稿用紙を切り取り、左記まで郵送していただいても結構です。

お寄せいただいた書評は、ご了解のうえ新聞・雑誌などを通じて紹介させていただくこともあります。採用の場合は、特製図書カードを差しあげます。

なお、ご記入いただいたお名前、ご住所、ご連絡先等は、書評紹介の事前了解、謝礼のお届け以外の目的で利用することはありません。また、それらの情報を6カ月を越えて保管することもありません。

〒101-8701（お手紙は郵便番号だけで届きます）
祥伝社　新書編集部
電話03（3265）2310
祥伝社ブックレビュー　www.shodensha.co.jp/bookreview

★本書の購買動機（媒体名、あるいは○をつけてください）

＿＿＿＿新聞の広告を見て	＿＿＿＿誌の広告を見て	＿＿＿＿の書評を見て	＿＿＿＿のWebを見て	書店で見かけて	知人のすすめで

★100字書評……最後の参謀総長　梅津美治郎

名前

住所

年齢

職業

岩井秀一郎　いわい・しゅういちろう

歴史研究者。1986年、長野県生まれ。2011年、日本大学文理学部史学科卒業。以後、昭和史を中心とした歴史研究・調査を続けている。著書に、山本七平賞奨励賞を受賞した『多田駿伝――「日中和平」を模索し続けた陸軍大将の無念』『渡辺錠太郎伝――二・二六事件で暗殺された「学者将軍」の非戦思想』(共に小学館)、『永田鉄山と昭和陸軍』『一九四四年の東條英機』(共に祥伝社新書)がある。

最後《さいご》の参謀総長《さんぼうそうちょう》　梅津美治郎《うめづよしじろう》

岩井秀一郎《いわいしゅういちろう》

2021年12月10日　初版第１刷発行

発行者………………辻 浩明
発行所………………祥伝社《しょうでんしゃ》
〒101-8701　東京都千代田区神田神保町3-3
電話　03(3265)2081(販売部)
電話　03(3265)2310(編集部)
電話　03(3265)3622(業務部)
ホームページ　www.shodensha.co.jp
装丁者………………盛川和洋
印刷所………………萩原印刷
製本所………………ナショナル製本

Printed in Japan　ISBN978-4-396-11647-7　C0221

〈祥伝社新書〉
歴史に学ぶ

366
はじめて読む人のローマ史1200年
建国から西ローマ帝国の滅亡まで、この1冊でわかる！
東京大学名誉教授 本村凌二

565
乱と変の日本史
観応の擾乱、応仁の乱、本能寺の変……この国における「勝者の条件」を探る
東京大学史料編纂所教授 本郷和人

545
日本史のミカタ
「こんな見方があったのか。まったく違う日本史に興奮した」林修氏推薦
国際日本文化研究センター所長 井上章一
本郷和人

588
世界史のミカタ
「国家の枠を超えて世界を見る力が身につく」佐藤優氏推奨
井上章一
小説家 佐藤賢一

630
歴史のミカタ
歴史はどのような時に動くのか、歴史は繰り返されるか……など本格対談
井上章一
国際日本文化研究センター教授 磯田道史